中山先生与港澳

李金強／著

中山先生與港澳

　　「中華民國中山學術文化基金會」（以下簡稱本會），
之所以能於中華民國五十四年（1965）十一月十二日，即　國
父孫中山先生百年誕辰之日順利成立。係由於當年全國各界紀
念　國父百年誕辰籌備委員會之重大決議：由該籌委會一次核
撥原始基金新台幣六千五百萬圓，在台北市向法院申請登記為
一全國性之財團法人組織。

　　依據本會組織及捐助章程第四條規定：「本會以獎助及
發揚有關　國父思想之學術及文化事業為宗旨」。其業務推進
方針則可分為兩方面：一為獎助，一為出版；前提則以研究
並闡揚中山先生思想學說暨中國歷史文化為範圍。本會成立
四十七年來，歷任董事長、副董事長、董事、各審議委員會委
員暨董事會工作同仁，莫不一本此一宗旨，黽勉辛勞，悉力以
赴，故學術及文化界人士對本會歷年來所開展之各項業務，多
予以肯定與支持。

　　本會首任董事長為王雲五先生，他任職一十四年，奠定
了本會宏實穩固的基礎。王故董事長曾稱許政府在大陸時期利
用美國退回庚款所設之「中華教育文化基金會」及民國五十一
年由台灣私人企業所設之「嘉新文化基金會」，然認為中山學
術文化基金會若與前兩者相較，其「規模遠較龐大」。

　　第二任董事長為楊亮功先生。楊先生於民國六十八年

（1979）至八十一年（1992）間負責主持本會會務，雖由於銀行存款利率下降影響會務之進行，多項獎助及出版計劃不能不忍痛停辦，然最重要之中山學術著作及文藝創作兩項獎勵，仍能如期辦理，規模則略為縮減。

第三任董事長為吾師劉白如（真）先生。他就任之初，正本會財務趨於極為拮据之際，因而「必須採取開源節流辦法，徐圖本會業務之擴展。」水德於民國八十二年（1993）受聘為董事，九十年（2001）承董事會推選為副董事長，得以親見劉董事長腳踏實地之宏圖偉劃，私悃敬佩有加。本年（民國一百零一年，2012）三月，劉董事長以期頤嵩齡駕鶴西歸，水德承董事會一致推選繼任其職。踵步前賢，責無旁貸，然深懼汲深綆短，惟盼諸先進、友好暨本會同仁不吝匡助，期能對中山先生學說勳業之弘揚暨中華歷史文化之傳承，與時俱進，永恆常新。

水德深知劉故董事長於諸多鴻猷大計中，以編印「中山叢書」、「中山文庫」及先後在中央日報暨台灣新生報所創辦之「中山學術論壇」專刊三者，為他所大力倡議且親身參與推動者；其對當代文化教育界之影響力，最為顯著。白如先生曾於諸書「序」文中，說明其構想與期許：

中山學術文化基金董事會自民國五十四年成立以來，即以闡揚中山先生思想及獎勵學術研究為主要工作。余承乏董事長一職後，除繼續執行各項原定計畫外，更邀請海內外學術界人士撰寫專著，輯為「中山叢書」及「中山文庫」。同時與報社合作，創刊「中山學術論壇」。此外，復就中山先生思想體系中若干易滋疑義之問題，

分類條列，悉依中山先生本人之言論予以辨正。務期中
　　山先生思想在國內扎根，向國外弘揚，並進而對促成中
　　國和平統一大業能有所貢獻。

　　白如先生前項計劃中，「中山叢書」為邀請國內外史學界
名家撰寫之學術專著，水準甚高，各方風評至佳。此一計劃之執
行，始終參與其事不辭勞怨而力助其成者，為本會董事兼秘書
長陳志先先生。「叢書」自民國八十三年（1994）開始編印，
迄今已出版二十種，共二十四冊。以內容論，可區分為兩類：
一為中山先生思想學說學理與實踐情況之詮釋，含下列各書：
　　《中山思想與台灣經驗》（上下兩冊）
　　《中山思想答問》
　　《中山思想要義》
　　《中山先生行誼》（上中下三冊）
　　《中山先生研究書目》
　　《中山先生嘉言錄》
　　《中山先生平均地權思想在台灣實踐之檢討》
　　《中山先生民族主義正解》
　　《中山先生民權主義正解》
　　《中山先生民生主義正解》
　　《中山先生建國宏規與實踐》
　　另一類為中山先生與世界主要國家關係及外籍友好之介
紹，係一新研究領域，包括下開諸書：
　　《中山先生與莫斯科》
　　《中山先生與日本》

《中山先生與德國》

《中山先生與法國》

《中山先生與美國》

《中山先生與英國》

《中山先生的世界觀》

《中山先生與國際人士》（上下兩冊）

《中山先生與港澳》

　　上列諸書，前一部分為多位甚至數十位撰稿學者之集體著作，後一部分多為歷史學者個人之精心著作。叢書著作人總數達六十餘位，包括教育文化界人士謝東閔、蔣彥士、劉真、陳奇祿、朱匯森、梁尚勇、曾濟群、賀凌虛、李建興、張植珊、伍振鷟、黃光國、鄭竹園、周聯華、邵宗海、趙玲玲等，政經界知名學者李國鼎、于宗先、侯家駒、馬凱、朱堅章、張金鍔、葛永光、戴瑞明等，國內外對中山先生學說志業研究有素之近代史學者蔣永敬、李雲漢、王爾敏、陳三井、張玉法、李國祁、呂芳上、楊奎松、黃宇和、張家鳳、段雲章、李金強等，均為學有專精，經驗宏富，識見深邃之士。其中，楊奎松、段雲章係大陸學者，黃宇和為澳洲雪梨大學資深教授，李金強任教於香港浸會大學，彼等應邀參與本會著作規劃，令人深感欽佩。

　　水德就職伊始，目前本會財力雖仍感不足，然此一「中山叢書」之編刊計劃，必將繼續推動；來日財務狀況好轉，此計劃自將隨之發揚光大。謹布數言，願與學術界友好暨基金會同仁共勉焉。

許水德

中華民國101年11月

自序

　　孫中山與辛亥革命為中國近代史研究的顯學,而中外學者的相關著述,隨著時間之推移,屢見推陳出新之作,或年譜、或全傳、或專書、或論述。孫氏之生平、思想、事功以至中外關係,無一不見學者研究的心力,而孫學亦由此形成。而其中值得注意者為孫氏倡導革命,乃與廣州、香港、澳門(省港澳)此一粵語文化地帶,具有極其密切的關係。其中港澳兩地,地處珠江向南出海之口岸地帶,原為外人來華貿易之泊口,遂成葡、英兩國侵佔之殖民地,由是華洋雜處,促成中西文化之交流,寓居於此之華人,逐漸產生文化覺醒及創新之能力,孫中山之青年時期,即在港、粵兩地接受西式教育及習醫,畢業後於澳門行醫,從而孕育出其革新思想。期間結交師友,漸具人脈,從而為其人生開啟出新的航路。其時由於清廷腐敗,列國交侵,為求保我華族血脈,孫氏遂起而結交同志,於港、澳組織革命團體,盟誓「驅除韃虜,恢復中華,創立合眾政府」,進而策動推翻滿清的民族革命,歷經十七載之艱辛與血淚交加,最終得以推翻清廷,建立民國。而港澳之於孫中山之革命,其意義不言而喻。由是引起中外學者之研究,尤以羅香林、吳倫霓霞、陳劉潔貞、霍啟昌、黃宇和、施其樂(Carl T. Smith)、陳樹榮、何偉傑等出身港澳學者撰著最多,而以黃宇和用力最深,著述最豐。孫中山倡導革命與港澳關係,由是大白於世。

2004年香港特區政府計劃創建孫中山紀念館，藉以加強香港華人對於國家的認同，亦為旅遊及文化創意之發展。因而受託參與建館陳設內容之研究，該館終於2006年成立於港島衛城道，並就所提研究報告，整理出版《一生難忘——孫中山在香港的求學與革命》一書，縷述孫中山之革命緣起及其革命與香港之關係。此書出版後，承蒙前黨史會主任委員李雲漢，撰寫書評，給予謬許，繼而蒙中山學術文化基金會董事及秘書長陳志先來函，邀請撰寫本書。此皆前中央研究院近代史研究所所長陳三井推薦之故，至為心感。而本書之得以撰寫及出版，即由此而起。

在成書之過程中，由於香港市區重建局，決定於前輔仁文社社址，修建百子里紀念公園，被聘為顧問，遂得以研究輔仁文社之社史。而2011年為辛亥革命百年紀念，先後被邀出席廣州、武漢、南京、澳門及香港等地之研討會及論壇，相繼發表論文及講話，多以香港、澳門與革命之關係為題。由是對於孫中山與港澳關係，認識日增而漸具見解。本書部份內容乃成於上述之研究及學術活動，故亦可視為孫中山與港澳研究「舊瓶新酒」之作。最後，尚須提及者為本書附錄圖示，其中孫中山考試答卷，由好友何偉宗醫師代譯；部份圖片由浸會大學圖書館特藏部主任黃淑薇協助提供。而電腦圖文處理，乃得力於歷史系秘書陳月媚及潘家瑩兩位。於此可見，本書之成，實賴上述各方人士之關注及相助，故於此特表萬二分之謝意，是為序。

李金強
香港浸會大學歷史系
2012年6月13日

目次

第一章　孫中山與港澳雙城

中國國民革命的搖籃地，可以說是香港。

——陸丹林：《革命史譚》

自從哥倫布（Christopher Columbus, 1451-1506）與麥哲倫（Ferdinand Magellan, 1480-1521）發現新航路、新大陸，歐洲人透過遠洋航行，操控佔地球十分之七的海洋，依循海路，對亞、非、美、大洋洲進行海外侵佔，是為海權時代的來臨，亦為帝國主義之興起。其中尤以葡萄牙、西班牙、荷蘭、英、法等國為最。首先葡萄牙於十六世紀初起，即在達伽馬（Vasco da Gama, 1460-1524）所率領的艦隊，東進侵略，初佔印度之果阿（Goa, 1510），繼佔馬來半島之馬六甲（Malacca, 1511），進而經略遠東，終於1557年租借澳門。其時西班牙亦東來佔領菲律賓。荷蘭組織東印度公司（1602），繼而從葡萄牙手中取得馬六甲（1641），東進佔領巴達維亞（Batavia）及臺灣（1624）。而英國則於1588年擊敗西班牙無敵艦隊後，遂成新興海上強權。於1600年成立英國東印度公司，拓展海外貿易，繼而與法國發生四次殖民戰爭（1689-1763），獲取勝利而奪得北美及印度等殖民地。並由柯克（James Cook, 1728-1779）至南太平洋探險，發現澳洲、紐西蘭，領土日拓。與此同時，國內發生工業革命，經濟日盛，透過強大工業生產，舉世無敵的

海軍、航運與商業，操控海權，而成其「日不落國家」的世界霸權。至十九世紀中葉，藉口清廷通商制度之不平等，發動著名的鴉片戰爭，兵臨中華，擊敗我國，於1842年簽訂南京條約，割佔香港及開五口通商，從而揭開中國不得不現代化的序幕。[1]由此可見，位於珠江流域南向出海海口，其東、西兩端的香港與澳門，乃因十六世紀海權時代來臨，西力東漸，成為葡、英兩國之殖民地，從而建構出我國濱海具有中西結合新文化地帶的兩盞明燈——港澳雙城，並成為十九世紀以降中國地處「邊緣」而卻具「中心」特性的新地域。[2]

澳門與香港自此成為十六世紀葡萄牙與十九世紀英國在遠東的商業殖民據點，由於雙城地處物產富饒的珠江三角洲及其中心城市廣州之南，三城構成一銳三角形態勢。港、澳猶如廣州之前衛及門戶，而具有外港之特質，並成分合互補之勢。而港澳即由其成為中外貿易及中西文化交流的「橋頭堡」，逐漸成為西政、西教、西學、西商叢集之地，並因其性

---

[1] 高亞偉，《世界通史》（台北：幼獅書店，1964），上冊，頁341-359；中冊，頁69-73、149-160、204-207，高氏一書乃以亞洲立場及比較史學觀點論述世界史；1500年後西歐列國資本主義的興起，被稱為當今全球化的起源之一，參劉軍，〈全球化的歷史回顧〉，于沛主編，《全球化的全球史》（北京：社會科學文獻出版社，2007），頁146-150；馬漢（A.T. Mahan）海權論、海權定義及英國之興起，參Paul Kennedy, *The Rise and Fall of British Naval Mastery* (London: Fontana Press, 1991), pp. 1-113; 我國近世對海權與國家盛衰關鍵的認識，始於嚴復，參李金強，〈嚴復與清季海軍現代化〉，《書生報國：中國近代變革思想之源起》（福州：福建教育出版社，2001），頁117-120；又英國侵華的國變，見郭廷以，〈中國近代世變的由來〉、〈中國近代化的延誤——兼論早期中英關係的性質〉，《近代中國的變局》（台北：聯經出版事業公司，1987），頁3-25、77-91。

[2] 汪榮祖，《晚清變法思想論叢》（台北：聯經出版事業公司，1973），頁87-92，指濱海地帶，如閩、粵沿岸乃中西文化薈萃之地。

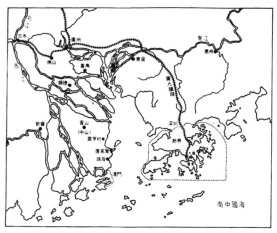

圖一　十九世紀末港澳地區圖（引用自黃鴻釗：《澳門史》，頁36）

屬葡、英兩國殖民地，而自外於母國管治。在明清至今五百餘年歷史推進中，每每成為國內戰亂逃難及反對國內政權之淵藪，此即清季革命運動誕生於港澳之因由。[3]（圖一）

第一節　澳門

澳門位於珠江口西南的一小半島，隸屬香山縣，原為漁村，卻向為海盜巢穴。始稱蠔鏡、海鏡、濠鏡澳，香山澳等，至明季始見澳門一稱，取名「澳」乃「泊口」之意，反映其地理屬性；而得稱澳門，乃「澳南有四山離立，海水縱貫其中，成十字，曰十字門，故合稱「澳門」（圖二、三）。而英文

---

[3] 李國祁，〈由近代港澳的發展論商業殖民的特徵及對華影響〉，《港澳與近代中國學術研討會論文集》（台北：國史館，2000），頁1-20。

左：圖二　澳門圖（引用自黃鴻釗：《澳門史》，頁181）
右：圖三　十九世紀澳門地圖（引用自香港浸會大學特藏部）

Macau一詞，乃葡人至澳，得見媽閣廟而命名之。[4]至1514年，葡人歐維士（Jorge Alvares），在華商引導下，首先抵達澳門，葡澳關係由此而起。並於明嘉靖年間（1522-1566）賄賂粵官，使澳門得於1535，或謂於1555年開埠；進而於1553或謂於1557年，以500兩租借澳門，因而獲得居留權。[5]然於明清兩代，澳門仍然轄屬於香山縣，並在粵官採行漢法──「建城設官以縣

---

[4] 印光任、張汝霖：《澳門紀略》（1751）（廣州：廣東高等教育出版社，1988，重刊），上卷，頁1；郭永亮，《澳門與香港之早期關係》（台北：中央研究院近代史研究所，1990），頁1-13。

[5] 印光任、張汝霖：《澳門紀略》，上卷，頁19-20；黃鴻釗，《澳門史》（香港：商務印書館，1987），頁26-28、43-50；澳門開埠：中方文獻記於嘉靖14年（1535），而租借則為嘉靖32年（1553）；而葡方文獻，記開埠於嘉靖34年（1555），租借則為嘉靖36年（1557）；並參金國平編譯，《西方澳門史料選萃（15-16世紀）》（廣州：廣東人民出版社，2005），頁234-238，或謂澳門開埠乃葡人協助平定海盜給賞，或謂嘉靖帝需要向葡人購買龍涎香延續子嗣及追求長生而至。

治之」的馭夷政策，而使葡人維持其租借寓留之權益。澳葡遂憑藉澳門為廣州外港之利，得與歐、美、亞三大洲發展帆船航運及商貿，於十六、十七世紀成為華南對外貿易之最大港口。[6]（圖四、五）

　　鴉片戰爭前後，清廷雖行海禁，然澳門不受限制，成為外貿緩衝及西方文化之中轉地。及至清廷實施廣州一口通商政策，澳門以其外港地位，竟成為外商入粵貿易之基地，繁榮依舊。然隨着英國發動鴉片戰爭，取得香港後，澳門遂為香港所取代，失去其遠東貿易的中心地位。其經濟發展，遂由前此轉口貿易，逐漸轉變成為以經營番攤、闈姓（猜賭科舉中試者的姓氏）之賭業，奠基其日後成為賭埠之契機，至今遂成「東方蒙地卡羅」，以博彩及旅遊事業為其經濟之支柱。隨着清廷積弱，葡國亦逐漸侵佔中國主權，由只租借及佔管澳門半島，逐漸延展至南面之氹仔、路環，擴充「版圖」，是為澳門今日地界之由來。並於1887年與清廷簽訂之中葡會議條約及中葡友好通商條約，變租借為殖民，確立葡國對澳門的殖民統治。[7]

---

[6] 霍啓昌，〈澳門模式與近代中西關係〉，黃啓臣，〈16世紀至19世紀中葉中國政府對澳門海關的管理〉，《港澳與近代中國學術研討會論文集》，頁32-43、45-49；霍氏稱此管治澳葡政策為「澳門模式」（Macau Formula）；澳門對外貿易之興起，參張天澤，《中葡早期通商史》（香港：中華書局，1988），頁115-124。16、17世紀澳門形成澳門──長崎，澳門──果阿──里斯本，及澳門──馬尼拉──墨西哥三條貿易航線，此乃以澳門為轉口貿易樞紐，以里斯本為財富歸宿的國際三角貿易網絡。

[7] 韋慶遠，〈澳門清代康熙時期的特殊地位和作用〉，《澳門史論稿》（廣州：廣東人民出版社，2005），頁91-115；近代澳門轉變，參馮自由，〈澳門華僑與革命運動〉，《革命逸史》，4集，頁74，指葡澳擴張煙、賭事業，為謀利致富之政策；澳門成為賭城，參何偉傑，《澳門──賭城以外的文化關係》（香港城市大

左：圖四　澳門（1607年？）（引用自香港浸會大學特藏部）
右：圖五　澳門媽閣廟（1856年？）（引用自香港浸會大學特藏部）

　　澳門在葡人租借前，已有華人居民，主要來自廣東香山縣、福建莆田及潮汕的商人，其中以香山縣人最多。此外尚有客家、捕魚採蠔為生的蜑家、閩南移民，後者可由澳門媽祖（天后）信仰及望廈村名（盼望家鄉廈門，或旺廈）得悉。望廈村趙天赦，允菁父子先後於嘉慶年間中舉，父子登科，一時成為佳話。此後隨着澳門對外貿易之發展，華人漸多，1562年為200-300人，1640年為29,000人，1870年為55,402人，1910年為71,021人，逐漸形成一華人社會。至十九世紀中葉以降，更為明顯，出現華人社團，包括由木匠、搭棚及打石三個行業成立之「上架行會館」，地方紳商先後成立「鏡湖醫院慈善會」、「同善堂」，成為澳葡管治下華人社會的主要代表。而寓居澳門的葡人人口亦日見進展，1562年500-600人，1640年為6,000人，1878年為4,431，1910年3,610人。隨着時間推移，逐漸出現一批土生葡人的新社群，此即長期生活於此的葡裔，

學，2011），頁58-60；葡萄牙變澳門為殖民地，參黃鴻釗，《澳門史》，頁163-187。或謂澳門由於珠江出海，出現沙泥沉積，水位淤淺，導致澳門貿易式微。

左：圖六　澳門北面（引用自香港浸會大學特藏部）
右：圖七　澳門之中葡分界（引用自香港浸會大學特藏部）

及其父系以葡裔為主的葡、亞多元混血兒。此一新社群，其
特徵除信奉天主教外，能講土生葡語（Patua或Macanese）、
馬來語、粵語、日語、英語等，且多能精通雙語（英語及粵
語），而衍生出一種中西合璧的風俗習慣。[8]

　　及至鴉片戰爭後，香港逐漸取代澳門，成為遠東轉口貿
易中心，而澳門則日漸式微。而澳門土生葡人亦隨之遷移至香
港，日並成為香港第二大歐裔社群。在港開設印務所、商行、
娛樂場所，並加入港府任職公務員。其中孫中山在港相識的飛
南第（Francisco H. Fernandes）即為土生葡人。[9]（圖六、七）

[8]　何偉傑，《澳門——賭城以外的文化關係》，頁7-17；劉然玲，《文明的博弈
　　——16至19世紀澳門文化長波段的考察》（廣州：廣東人民出版社，2008），頁
　　126-127，236-247；關於澳門漢、葡人口數字之演變，參邢榮發，《明清澳門城市
　　建築研究》（香港：華夏文化藝術出版社，2007），頁11-13；值得注意為林則徐
　　於1839年曾對澳門戶口進行普查，獲悉華人計共7,033，葡人5,612人，英國寓居澳
　　門者57人。又澳門土生葡人的形成，可參李長森，《明清時期澳門土生族群的形成
　　發展與變遷》（北京：中華書局，2007），頁35-110。

[9]　何偉傑，《澳門——賭城以外的文化關係》，頁31-32；郭永亮，《澳門與香港
　　之早期關係》，頁115-124；飛南第生平，見霍啓昌，《紀念辛亥革命成功一百
　　周年：緬懷孫中山澳門革命摯友飛南第》（澳門國際研究所，2011），並參Jose

第二節　香港

　　香港地處珠江出海口，先後隸屬東莞縣及新安縣。香港一稱之得名，或謂因海盜林某之妻香姑佔據而至；或謂與盛產及出口筦香之香木有關；或謂島南泉水色清味甘覺香而名。1841年，當英軍抵港之初，曾至島上之香港村，遂以此名。自漢晉以降，已見設官分治，及至宋元，每逢易代戰亂，各省省民南遷避禍者日眾，明清兩代以沿海寇亂屢興，故於海口設兵守禦，遂成海防前哨，時華人已於本地定居，生息繁衍。本區已有廣府、福佬、蜑民入住，及至康熙年間（1662-1722）終止禁海復界之時，珠江、韓江流域以及閩、贛的客民亦分批遷入，逐漸形成日後本港以廣、潮、客、閩四種方言群為主的華人社會。[10]（圖八）

　　香港開埠前原為一荒島而人口稀疏。華人人口一說為2,000人，另一說為4,000人，然多以耕種漁捕為生，[11]此後香

Pedro Braga, *The Portuguese in Hongkong and China* (Macau, Fundecao, 1998), pp. 135-184.

[10] 羅香林，《一八四二年以前之香港及其對外交通》（香港：中國學社，1959），頁3-4、134-135；蕭國健，〈清初遷界前後香港之社會變遷〉，林天蔚、蕭國健，《香港前代史論集》（台北：商務印書館，1985），頁206-207、212-223；《香港歷史與社會》（香港教育圖書公司，1994），頁7；〈香港新界之五大族〉，蕭國鈞、蕭國健，《族譜與地方史研究》（香港：顯朝書室，1982），頁41-50；劉蜀永，〈香港地名的由來〉，《劉蜀永香港史文集》（香港：中華書局，2010），頁43-47；又參蔡榮芳，《香港人之香港史》（香港：牛津大學出版社，2002），頁29。謂蜑家又有講廣州話、福佬話、客家話與四邑話之分，其中以講廣州話最多。

[11] 〈香港紀略〉，《遐爾貫珍》，1號（1853），頁7-9；「此土初歸英國時，居民稀少，多屬隨趁捕魚之人，設舖種地，魚汛既過，即復隨而他徙，總計彼時港中

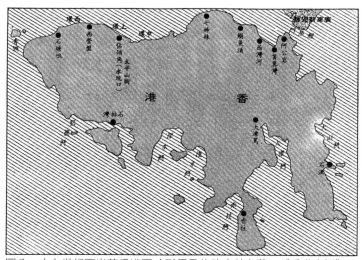

圖八　十九世紀下半葉香港圖（引用及修改自林友蘭：《香港史話》，
　　　地圖頁）

港人口，隨著開埠，憑藉優良港口及自由貿易政策，出現榮
景，日見增長，1841年為5,650人，[12]1842年為12,361人，至1850
年則為33,292人。

　　鴉片戰爭後，內憂外患相繼而至，國內省民即在謀生及
戰亂的因素下，形成大量移民香港的常態現象。[13]使香港逐漸

　　居民不逾二千……。」又參總登記官費倫（Samuel Fearon）的報告，謂開埠前
　　華人居民為4,000人，1,500人從事種稻，2,000人捕魚。其他則從事提供魚捕用具
　　及採石者。參 "Registrar General's Report," C.O. 120/12, p. 305.
[12] R. Montgomesy Martin, "Report on the Island of Hong Kong (24 Jul 1844),"
　　British Parliamentary Papers: China (Shannon: Irish University Press, 1971), vol. 24,
　　p. 115; 謂開埠時人口為7,500人，然據蔡榮芳，《香港人之香港史》，頁20，則
　　引E.J. Eitel之*Europe in China*一書所述，而以5,650人為開埠初之人口確數。
[13] 賴建三，《香港紀略》（1931）（廣州：暨南大學出版社，1997，重刊），頁26。
　　「中國內地政變靡常，相率避居者，實繁有徒，加之內地盜匪擾迫，移家香港者
　　亦日以眾。」又參徐曰彪，〈近代香港人口試析1841-1941〉，《近代史研究》，
　　3期（1993），頁6-7，謂香港人口成長乃由國內移民此一機械變動所導致。

成為一以華人為主體的移民社會。故英治香港雖為多元民族聚居之地，然據統計，華人佔香港總人口達97%，居於大多數。[14]綜觀英治時期，香港華人能夠逐漸成為本港社會的主體，其中尤以太平天國動亂之時，促使國內人口大量南移，最為關鍵。

此外尚須注意者為其時香港位於亞太交通之樞紐，不但成為十九世紀契約華工出口的轉運站，日後且演變成為海內外華人出入交通，物資供應，金融滙兌的中心，此即香港商業網絡的形成，帶動香港經濟的發展。[15]而出洋的契約華工於十九世紀下半葉，或由於美國、澳洲排華，或衣錦還鄉，開始回流，並帶回大量財富與金錢。[16]部份且定居香港，無疑有利香港人口及經濟之增長。上述50年代以降華南地區以廣東為主，備受兵災禍劫，社會情勢出現逆轉，促成國內人口第一次南移香港的高潮。[17]至1854年人口躍升至55,715人，破5萬關口；1861年為119,321人，突破10萬關口；至1891年為221,814人，突破20萬關口；至1902年為311,824人，突破30萬關口；[18]人口不斷增長，而華人則為人口增長的主要來源。

---

[14] 徐曰彪，〈近代香港人口試析1841-1941〉，頁7。

[15] 濱下武志，〈網絡城市香港之歷史作用〉，《港澳與近代中國學術研討會論文集》，頁263-267；陳明銶，〈近代香港與廣州的比較研究〉，《學術研究》，3期（1988），頁69。並參本書第二章「孫中山的大學時代」，第四節、第五節及附錄。

[16] G.B. Endacott, *A History of Hong Kong* (Hong Kong: Oxford University Press, 1973), pp. 196, 255, 指出歷年從海外回歸華人數字為1866年為9,253人，1872年為23,773人，1881年為52,983人，1884年為73,767人，1896年為119,468人，1898年為105,441人；並謂每年帶回財富約為10,000,000元以上。

[17] 張曉輝，《香港華商史》（香港：明報出版社，1998），頁84-86。

[18] 見*Historical and Statistical Abstract of the Colony of Hong Kong 1841-1930* (Hong Kong: Noronha & Company, 1932) 一書。

綜上可見，香港即在太平天國動亂之際，不但國內人口大量南移及移民海外，刺激本港人力資源的增加及經濟發展，而且移民中不乏紳商富戶，相繼投資，為香港社會與經濟帶來繁榮景象，此即英國倫敦傳道會傳教士理雅各（James Legge, 1815-1897）謂其時乃香港開埠以來首見的轉捩點。[19]與此同時，在英國殖民政府的管治下，近代市政如衛生、警察、新式教育以至銀行、輪船交通相繼建設，使香港逐漸成為中國與亞洲、澳、紐，歐美各地間的轉口貿易及航運樞紐，從而由「一塊石頭變成世界上重要的轉口港」，[20]而近代英國先進的政教亦隨之移殖本地，使香港具備西方三權分立及資本主義的政治、經濟體系。而居住於香港之華人精英，即在此一時勢下隨之而生，主要來自士、商階層，包括買辦、行商、企業家及具備中英雙語的新智識份子。此後，港府透過對華人精英的政府任命，包括太平紳士、立法局議員、團防局局紳，東華醫院、保良局等總理，以至於授勳，取得華人精英的合作，藉以強化其對本港的管治。[21]而本港華人精英憑其環球「商戰」經驗，西學新知，以及參予公共事務的歷練，面對二十世紀前後中國國家危難之際，遂起而關懷祖國前途，並投身清季民國的改革與革命運動。

---

[19] James Legge, "The Colony of Hong Kong," op. cit., p. 184, 理氏回憶其時香港「房屋需求大增，租金上揚，過去荒涼的街道擠滿人群，華人商號相繼開業，本地貿易得以推動。」

[20] 吳倫霓霞，〈香港自由港地位的建立──從一塊石頭到轉口港〉，《歷史月刊》，32期（1990），頁106-107。

[21] Chan Wai Kwan, *The Making of Hong Kong Society: Three Studies of Class Formation in Early Hong Kong* (Oxford: Clarendon Press, 1991), pp. 105-104；李金強：〈清季香港華商與革命運動關係之探析〉，《史學與史識：王爾敏教授八秩嵩壽榮慶學術論文集》（台北：廣文書局，2009），頁53-74。

第三節　孫中山革命思想的緣起

　　孫中山於清季起而倡導革命，建立興中會與同盟會，揭櫫三民主義，創建民國。然新建民國，不但未能致國家於富強，反而陷家國於內戰外侵之局，至有「人民深遭痛苦，乃責革命家之造亂」，而倡導革命之孫中山亦備受責難。如何在革命破壞後重建國家，實為孫氏所念茲在茲者。[22]1923年初孫氏於陳炯明叛變被滇、桂軍擊退後，又與蘇聯代表越飛（Adolf Abramovich Joffe, 1883-1927）發表聯合宣言，擬採聯蘇政策。遂由上海南返廣州，重組政權之際，為向英國示好，遂有同年2月中旬香港之行，[23]受到香港總督司徒拔（Sir Reginald Edward Stubbs, 1876-1947）之款待。其間2月20日，並於香港大學陸佑堂發表演說，講述其革命思想之產生，乃緣起於香港。[24]

　　孫氏進而剖析其革命思想緣起與香港之關係。此乃將香港與故鄉香山兩地的社會與政治作一比較，發現香港「市街……秩序整齊，建築閎美，工作進步不斷……香港政府官員皆潔己奉公，貪賄之事絕無僅有」，而故鄉及中國反是。遂下決心改良中國「惡政府」，並拋棄其「醫人生活」而從事

---

[22] 孫中山，〈中國革命史〉，〈在香港大大學的演說〉，《孫中山全集》，6卷，頁59-70；引文見7卷，頁116-117。

[23] 1923年2月17日至21日孫中山於香港一行及其活動，參黃宇和，《中山先生與英國》（台北：學生書局，2005），頁419-446；並參陳福霖，〈孫中山與香港，1923年1月-6月〉，《孫中山、廖仲凱與中國革命》（廣州：中山大學出版社，1990），頁61-76，指孫氏香港之行，乃聯蘇政策之同時，亦爭取英國、香港的支持。

[24] 孫中山，〈在香港大學的演說〉，頁113。

「醫國事業」，並謂「由此可知我之革命思想完全得之香港也」。[25]從而引起學者對孫中山革命思想緣起之研究，提出除與香港具有關係外，或謂源於檀香山，或謂始起於中法越南戰爭，或謂來自洪秀全之太平天國革命，或謂受到師友如鄭士良（1862-1902）、楊衢雲（1861-1901）、何啟（1859-1914）、區鳳墀（1847-1914）、王煜初（1843-1903）、鄭觀應（1842-1922）等之影響，其中孫中山革命思想緣起於香港，雖未獲所有學者如張玉法、陳錫祺，Harold Z. Schiffrin等完全同意，[26]然綜觀孫氏一生，其中青年求學時期，先後於香港生活達八年之久，於香港西醫書院習醫的大學時期，尤為關鍵。[27]一直以來，香港出身之學者如吳倫霓霞、霍啟昌、黃宇和亦相繼就此探析，關注香港對孫中山革命思想所起之影響，[28]故香港因

---

[25] 孫中山，〈在香港大學的演說〉，頁113。

[26] 張玉法，《清季的革命團體》（台北：中央研究院近代史研究所，1975），頁143-150。張氏指出孫氏對基督徒演講，則謂受教會學校教育及外國傳教士自由精神的感染。對國人則謂乃外國侵略，清廷無力抵抗所致。在香港大學演說則強調革命思想起自香港。陳錫祺，〈孫中山革命思想產生和革命事業的開始〉，《孫中山與辛亥革命論文集》（廣州：中山大學出版社，1984），頁65-82。並參Harold Z. Schiffrin, *Sun Yat-sen and the Origins of the Chinese Revolution* (Berkeley, University of California Press, 1970), pp. 10-40.

[27] 參羅香林，《國父的大學時代》（台北：商務印書館，1972）一書。

[28] 吳倫霓霞，〈孫中山早期革命運動與香港〉，《孫中山研究論叢》，3集（1985），頁69-71；霍啟昌，〈認識港澳史與辛亥革命研究一些新方向芻議〉，《辛亥革命與20世紀的中國》（北京：中國史學會，2002），下，頁2330-2343，吳、霍二人均注意香港中央書院西方史地課程及考試題目對孫氏革命思想的影響。又霍氏一文，並提出孫中山時期之香港工商業和市政的現代化建設，如衛生、交通（電車、渡海輪）、電報、水塘等均對孫氏產生影響。近日黃宇和便利用翠亨村的口述歷史，提出孫氏由日常生活觀察，比較兩地情況，以翠亨村食用污染山水，而香港水塘則為清潔食水，從而刺激其對清政府不滿而有革命思想之產生。參黃宇和，〈任重道遠：孫逸仙成長之重要性及探索之重重困難〉，《紀念孫中山誕辰

素，顯然不容忽略。筆者亦就此探求，並出版《一生難忘——孫中山在香港的求學與革命》一書，探索孫中山在香港革命思想的緣起，及其在香港策動的武裝起義，藉以說明香港在孫中山所倡導之革命，及其所扮演的歷史角色。[29]現就地緣、人和及思想三方面之角度引申說明之。

圖九　上環（引用自香港歷史博物館編：《走向辛亥革命之路》，頁43）

140週年國際學術研討會論文集》（北京：社會科學文獻出版，2009），下冊，頁1125-1146。

[29] 相關之著述尚有：李進軒，《孫中山先生革命與香港》（台北：文史哲出版社，1989）；劉家泉，《孫中山與香港》（北京：中央文獻出版社，2001）兩書。李、劉分析孫中山革命思想之緣起，其論點仍承襲註26所列學者之觀點，分別見李書，頁6-13；劉書，頁336-343。

026
中山先生與港澳

（一）地緣──啟蒙明燈在上環（圖八）

　　香港自1841年開埠以來，英國人於香港島北岸修建維多利亞城。其地域包括西起上環、中環以迄東面的下環（灣仔）。其中劃定今中環與金鐘之間山坡為政府山（Government Hill），自政府山至海岸一帶，為外商所建的商貿地帶，修建橫貫東西的皇后大道，故中環一帶，乃殖民地的政治、經濟、宗教、軍事之中心。[30]而由華南移居入港的華人，則在殖民地政府的安排下，聚居於上環之下市場（Lower Bazaar），及太平山街。前者乃今蘇杭街及文咸街一帶，為華商之出入口，批發貿易所在；設南北行公所（1868），是為本地華人商業中心。後者為今水坑口以東，城隍街以西，及皇后大道以南，為香港華人聚居之地。華人自1850年起，即於此區之荷李活道，創建文武廟，拜祭文昌帝及關帝。於普仁街創設東華醫院（中醫院），透過民間信仰及醫療組織，得以成為香港華人社區公共事務的仲裁及管理者。此外，文武廟以其香火收入資助辦學，是為文武廟義學之始建（1880），而東華醫院亦參予其事，並興辦六間免費義學，共同推廣中文教育，而傳統中國文化由是得以發揚。[31]與此同時，隨著香港開埠，西方基督教傳教士相繼來華宣教，其中倫敦傳道會（London Missionary

---

30 何佩然，《地換山移──香港海港及土地發展一百六十年》（香港：商務印書館，2004），頁17-24；鄭寶鴻，《港島街道百年》（香港：三聯書店，2000），頁10-14；丁新豹主編，《香港歷史散步》（增訂本）（香港：商務印書館，2010），頁14-15。於政府山上興建聖約翰座堂（1849），輔政司署（1848）、總督府（1855），雅賓利政府宿舍、兵頭花園（1864）、美利砲台等。

31 王齊樂，《香港中文教育展史》（香港：波文書店，1982），頁189-190。

左：圖十　二十世紀皇后大道（引用自香港浸會大學特藏部）
右：圖十一　二十世紀香港西海傍（引用自香港浸會大學特藏部）

Society），即於上環華人社區鄰近之士丹頓街及伊利近街交界，興建總部差會大樓，從事對華人宣教、醫療、教育及出版事工。並將原設於馬六甲的英華書院，遷移至此。又於荷李活道創建華人教會──道濟會堂（1885），及雅麗氏紀念醫院（1887），而香港西醫書院亦設於院內。此外，該會傳教士理雅各，建議港府開設中央書院於歌賦街，以中英雙語、西方史地格致之學科，培訓華人子弟。其他歐美傳教士，亦先後來港開設教會學校，包括開埠早期灣仔摩利臣山的馬禮遜紀念學校，聖保羅書院（鐵岡下亞厘畢道，1851），聖約瑟書院（堅道，1876），相繼招收華人子弟，遂能習識西學。而華人聚居之上環，由是成為中西文化交流之地。聚居於此之華人，遂獲得中西文化涵濡，逐漸產生文化自覺，孕育出新文化之啟蒙，而革新思想亦由此起。[32]（圖十、十一）

---

[32] 李金強，《一生難忘：孫中山在香港的求學與革命》（香港：孫中山紀念館，2008），頁93；並參丁新豹主編，《香港歷史散步》（增訂本），頁144-145。

（二）人和──香港雙語精英群體之出現

　　香港即在上述中西文化交流下，不少華人子弟相繼於馬禮遜紀念學校、英華書院、聖保羅書院、中央書院、聖約瑟書院等英文中學，接受中、英雙語，西方史地格致等學科之培訓，從而產生一批具備中英語文及西學能力的雙語精英。較著者包括60年代出身於澳門之馬禮遜紀念學校，繼而留學英美的容閎（1828-1912）、黃勝（1827-1902）、黃寬（1827-1878）；70年代出身於聖保羅書院的陳靄廷（?-1902）、伍廷芳（1842-1922）；80年代出身於中央書院的何啟（1859-1914）、胡禮垣（1847-1916）；90年代同為出身於中央書院的孫中山（1866-1925）、謝纘泰（1872-1938），及聖保羅書院的楊衢雲等人。其中伍廷芳及何啟先後至英國留學，於倫敦林肯法律學院（Lincoln's Inn）攻讀法律，中山則於香港西醫書院習醫，而陳靄廷為香港著名中文報紙《華字日報》創辦人，謝纘泰則於日後創設著名英文報紙《南華早報》（South China Morning Post）。上述雙語精英，身處十九世紀下半葉香港，目睹清季祖國在外力入侵下，國勢一落千丈，始悉傳統文化之缺失，西方文化之富強。遂起而倡導西學，力主革新，期望借西方文化之長，改革失敗落後之舊中國。其中以楊衢雲及謝纘泰為首，與中央書院之陳芬、周昭岳、黃國瑜、羅文玉、溫宗堯、陸敬科；聖保羅書院之胡幹之、何汝明，聖若瑟書院之劉燕賓等，相互結交。上述眾人於畢業後，分別任職洋行、學校及政府機關等新式事業，於工作之餘，時相聚會，討論時局。至1892年3月13日，遂於港島百子里一號成立「輔仁文

社」，以楊衢雲年長，故被推舉為會長，並以拉丁文「盡心愛國」（Ducit Amor Patriae）為座右銘，起而倡導西學，講求革新，遂成為馮自由所謂「吾國人組織新學團體之先河」。為清季首見倡導西學之學會。[33]與此同時孫中山於香港西醫書院就讀時，亦結識師友，遂與西醫書院同學陳少白，及於廣州博濟醫院習醫時相識之尤列（1865-1936），時相聚會於其同鄉楊鶴齡（1868-1934）之祖業，位於歌賦街8號的楊耀記商號。四人均以洪秀全自況，言行反清，時人目為「四大寇」。[34]輔仁文社及四大寇，日後遂起而聯合，於香港中環史丹頓街13號，成立興中會總會，是為清季革命運動之最初萌動。

（三）思想──革新主張的誘啓

十九世紀下半葉，地處南天海角的香港，即在上述中西文化交流的環境下，湧現一批中英雙語的華人精英。面對祖國之種種危難，遂憑藉其身處殖民地，得以接觸及體驗西方文明的先進經驗，起而參予國內模仿西法的洋務運動建設，並進而倡導維新，力主學習以英國為首的政治、軍事、經濟、教育體制。前者如容閎、黃勝、伍廷芳，參與兵工，留學、外交等洋務事業的擘劃。後者除南寓香江之王韜外，尚有陳靄亭、何啟、胡禮垣等，借用報刊，以文字倡言變法維新。而香港華人精英由是與清季洋務運動及維新運動發生密切關係，成為清季

---

[33] 馮自由，《中華民國開國前革命史》（台北：世界書局，1984）（一），頁119；並參李金強，〈西學搖籃──清季香港雙語精英的誕生〉，黃愛平、黃興濤主編，《西學與清代文化》（北京：中華書店，2008），頁692-703。

[34] 馮自由，〈興中會四大寇訂交始末〉，《革命逸史》，頁13-15。

沿海地區，首倡改革的先驅。其中上述人物，除胡禮垣外，容閎、黃勝、伍廷芳、王韜、陳靄亭、何啟等，皆由於具有基督教背景，得以獲取西學新知而成為改革人物，故被美國史家Paul Cohen標貼為「基督教改革者」（Christian Reformer），香港雙語華人精英，遂成為全國矚目的改革家，香港亦由此一躍而成為清季海外華人改革言論的中心，而孫中山之革新思想即由此而起。[35]

其時最早來華宣教之英國倫敦傳道會，於鴉片戰後，由馬六甲遷至香港，於港島荷李活道建立華人教會道濟會堂。該會華人牧執傳道及會友，分別為王煜初、區鳳墀、黃勝、何啟等人。而孫中山就讀之香港西醫書院，即與該堂鄰接。[36]其中王煜初、區鳳墀、何啟等，均與孫氏情同師友。倫敦傳道會之華人傳道、信徒，自鴉片戰爭以降，早已倡論革新。前有太平天國時期洪仁玕提出《資政新論》，繼有王韜創辦《循環日報》倡導變法自強。而更重要則為何啟、胡禮垣二人，於1887年起而指出清廷洋務兵工建設，皆屬枝節，根本之圖在於刷新內政，提出宜以「民政為本，軍政為末」。力主政治上復「民權」，行「君民共治」的立憲政體；經濟上興辦鐵路、輪船，發展私營工商業，建立資本主義經濟體系；而教育則主力求西學，學習西方知識，建立新式教育。二人日後出版《新

---

[35] 余英時，〈孫逸仙的學說與中國傳統文化〉，《人文與理性的中國》（台北：聯經出版專業，2008），頁387-416。余氏從中國傳統文化入手，分析孫中山革命思想的由來，指陳此乃19世紀今文經學及經世思想發展至康有為，由其繼承，孕育出變法思想。並謂孫氏革命思想，得見此一痕跡，故孫氏革命思想由此而起。此點恐值商榷，孫氏革命思想，仍需由「基督教改革家」的主張入手，而非康、梁。

[36] 李金強，《一生難忘：孫中山在香港的求學與革命》，頁78-89。

政真詮》一書，為二人新政言論變法思想之代表作。[37]據謝纘泰所言，康梁維新一派，大多捧讀何胡二人之著述。[38]與此同時，道濟會堂牧師王煜初於《萬國公報》發表改革主張，力主禁煙，改革漢字；建議起用傳教士翻譯西書，協助變法；設立商部，發展商業；興辦大中小學，培育人才等。[39]而區鳳墀亦從事禁煙運動，提出農業改良，興實業，辦教育，改良軍旅。[40]由此可見，十九世紀下半葉道濟會堂教牧及信徒，相繼倡導改革言論。而值得注意者為青年時期的孫中山，於1884年5月4日，由公理會喜嘉理牧師（Charles R. Hager, 1850-1917）洗禮信教後，常至道濟會堂參加聚會崇拜，得以聽道於王煜初牧師，王牧之子王寵惠（1881-1918），日後撰寫〈追懷國父述略〉一文，指出孫中山「與先君子相過從，互相研討耶穌與革命思想，二人相處，恍若志同道合」。[41]而區鳳墀、何啟又先後為其中文及醫學老師，關係密切。孫氏對區、何的主張，自然熟悉。孫中山日後發表農業改良言論，以至〈上李鴻章

---

[37] 何胡二人之改良思想，參李金強，〈香港華人與中國──何啓、胡禮垣之個案研究〉，《書生報國──中國近代變革思想之源起》，頁40-56。

[38] Tse Tsan Tai, *The Chinese Republic: Secret History of the Revolution* (Hong Kong: South China Morning Post, Ltd., 1924), p. 15.

[39] 李金強，〈近代華人教牧的誕生──王煜初牧師的生平及其思想〉，李金強、梁家麟、湯紹源主編：《中華本色──近代中國教會史論》（香港：建道神學院，2007），頁155-172。

[40] 楊襄甫，〈區鳳墀先生傳〉，區斯湛、區斯深編：《區鳳墀先生傳：追悼會彙錄》（香港，1914），頁1-14。

[41] 王寵惠，〈追懷國父述略〉，《困學齋文存》（台北：中華叢書委員會，1957），頁1；黃宇和，《三十歲前的孫中山──翠亨、檀島、香港》（香港：中華書局，2011），頁330。黃氏利用倫敦傳道會檔案中喜嘉理牧師的信函，論證孫中山的洗禮日期。

書〉（1894），指出清廷船堅炮利改革是「捨本圖末」，與何啟、胡禮垣重視體制改革言論相同；且對何、胡重視日本明治維新，孫氏深表認同，主張中國實行「日本化」，進而建議施行富強治國之四大綱領，此即「人盡其才，地盡其利，物盡其用，貨暢其流」，而歸結於「推行農政」為其時之急務。後者又可見區鳳墀主張之影子。由此可見，香港實為孫氏革新思想之溫床。[42]故香港與孫中山革命思想，其關係密切可知。

然而隨著甲午戰爭，中國戰敗，孫氏益感滿清政府之腐敗，無力改革。遂毅然起而組織革命團體，透過武裝起義從事推翻滿清之革命。

---

[42] 何胡重視日本明治維新，見李金強，〈香港華人與中國──何啓、胡禮垣之個案研究〉，頁40-41、47-48；並參趙雨樂，〈何啓、胡禮垣的日本觀〉，《文化中國的重構：近現代中國知識分子的思維與活動》（香港：香港教育圖書公司，2006），頁23-35；李金強，《一生難忘：孫中山在香港的求學與革命》，頁80-88。又余英時，〈從思想史角度看辛亥革命〉，《中國近代現代史論集》（台北：商務印書館，1986），17編上，頁3。指出孫氏受何、胡思想影響，乃指二人借傳統中國思想以證引西方的自由民權思想，此乃中國傳統思想對孫中山影響的舉證。又何、胡揉合中西之自由民權思想，參李金強，〈香港華人與中國──何啓、胡禮垣個案之研究〉，《書生報國──中國近代變革思想之源起》，頁48-51。又寓居澳門的鄭觀應於1892年完成《盛世危言》一書。書中主張農業改良及工商立國，其內容與孫中山之改革思想相近，而二人又為忘年之交，故孫氏〈上李鴻章書〉，亦見鄭氏之影響，參張苹、張磊，〈鄭觀應與孫中山關係析論〉，《廣東社會科學》，3期（2003年），頁105-109。

第二章　孫中山的大學時代
（1887-1892）

> 我在那裏渡過一生中歡樂的五年……得到了一張准許以
> 內外科醫生行醫的文憑。
>
> ——孫中山：〈我的回憶〉

　　孫中山一生的革命思想與事業，與香港具密切的關係，故素為史家所關注，論述者眾。[1]孫氏自1883年到港後，先後在香港拔萃書室、中央書院及香港西醫書院三校完成其中學及大學教育，從而使其人格與學問得以成長，而更重要則為其一生革命思想與事業之所由起。[2]故不但孫氏於拔萃書室及中央書院的學習，引起研究者關注，[3]而更重要則為其於大學時代

---

[1] 羅香林，《孫中山與香港歷史遺蹟》（1971）（香港大學出版社，2002，重印）一書；余偉雄，〈孫中山博士策進革命運動與香港的關係及香港保存的革命史跡〉，《珠海學報》，13期（1982），頁162-176；吳倫霓霞，〈興中會前期（1894-1900）孫中山革命運動與香港的關係〉，《中央研究院近代史研究所集刊》，19期（1990），頁215-234；李吉奎，〈香港——近代中國早期革命運動的策源地〉，《孫中山的生平及其事業》（廣州：中山大學出版社，2001），頁3-18；Chan Lau Kit-chung (陳劉潔貞), *China, Britain and Hong Kong 1895-1945* (Hong Kong: Chinese University Press, 1990), pp. 65-105.

[2] 霍啓昌，〈認識港澳史與辛亥革命研究一些新方向芻議〉，《辛亥革命與二十世紀的中國》，下冊，頁2330-2338、2352-2363。

[3] Carl T. Smith, "Sun Yat-sen as a Middle School Student in Hong Kong," *Ching Feng*, vol. xx, no. 3 (1977), pp. 153-165；李金強，〈香港中央書院與清季革新運

的學習歷程，尤為史家所熱切探討，皆因此乃孫氏一生革命事業緣起的重要時刻。其中以羅香林、簡又文、李敖、陳錫祺、莊政以至於晚近的黃宇和，對於孫氏於香港西醫書院時期的學習與生活，均先後作出研究。探討範圍包括香港西醫書院的創建與規模，孫氏在校的學習與成績、師友的結交以至改革、革命思想的孕育，及革命活動的倡導，為此一課題作出了推陳出新的說明，從而使孫氏的大學時代成為孫中山研究的重要課題。

就此一課題研究而言，羅香林於40年代獲得西醫書院學生的註冊、成績等記錄，遂得以撰寫《國父之大學時代》一書，首開風氣。該書對於西醫書院之創設、組織、課程、教師、學生等情況、孫中山的成績與畢業、革命思想的探源，以至該院師友協助革命，作了全面性的論述，為孫中山大學時代的學習與生活的開山之作。此後簡又文或側重其大學生活的軼聞；李敖則從西化角度說明孫氏的習醫與革命；陳錫祺關注孫氏的入學時間、成績及畢業學位的考訂，並探討其革命思想的來由；莊政關注其大學師友及其第二愛侶陳粹芬的「愛情故事」；至黃宇和則利用西醫書院評議會（Senate）記錄及倫敦傳道會檔案，重探孫氏與康德黎的關係，倫敦傳道會醫療傳教士譚臣（John Thomson）操控西醫書院對孫氏的影響，以至在校活動及其革命思想的源起，頗多新見。豐富了此一課題的研究內容。[4]

動〉，《郭廷以先生百歲冥誕紀念史學論文集》（台北：商務印書館，2004），頁251-259。

[4] 羅香林，〈國父之大學時代〉（1945），《國父之家世與學養》（台北：商務印書館，1972，重刊）；羅氏獲得的史料，見頁113，註5；〈香港早期之西醫書院及其醫術與科學上之貢獻〉，《香港與中西文化之交流》（香港：中國學社，1961），

本文即擬以前此學者的研究成果為基礎，進而利用新近發現的史料，包括西醫書院會議記錄、英國惠而康醫學圖書館（Wellcome Library）的康德黎文件（Cantlie Papers）等，對孫中山的大學時代此一課題進行重寫，目的為青年時期孫中山的歷史身影提供一更新的認識。其時孫氏得於香港習醫，乃與西方基督教來華宣教具有密切關係。故先從英國倫敦傳道會（London Missionary Society）來華採行醫療傳道談起。

第一節　倫敦傳道會的醫療傳道——雅麗氏紀念醫院

香港西醫書院的誕生，乃由1807年倫敦傳道會傳教士馬禮遜（Robert Morrison, 1782-1834）來華開教，採行醫療傳教延展而成。原來馬禮遜自1820年代起，學效耶穌生前治病吸納信眾，起而與東印度公司醫生李文斯敦（John Livingstone）及郭雷樞（Thomas R. Colledge, 1796-1879）於澳門開設診所，從事醫療傳教，引致歐美傳教士對於醫療傳教的關注。及至香港開埠，倫敦傳道會醫療傳教士合信（Benjamin Hobson, 1816-1873）及賀旭佰（H.J. Hirschberg）亦於1845年在灣仔開辦醫療傳道會醫院（Medical Missionary Society's Hospital），以華人為

頁175-178；Jen Yu-wen and Lindsay Ride, *Sun Yat-sen: Two Commemorative Essays* (Center of Asian Studies, University of Hong Kong, 1977), pp. 1-22; 李敖，《孫逸仙與中國西化醫學》（台北：文星書店，1968），頁55-93；陳錫祺，〈關於孫中山的大學時代〉，《孫中山與辛亥革命論集》（廣州：中山大學出版社，1984），頁35-64；莊政，《孫中山的大學生涯》（台北：中央日報社，1995），頁35-195；黃宇和，《孫中山先生與英國》（台北：學生書局，2005），頁63-102；《三十歲前的孫中山：翠亨、檀島、香港》（香港：中華書局，2011），頁379-442。

診治對象。1857年，又於港島開設診所，起用剛從英國愛丁堡大學醫科畢業的華人信徒黃寬（1827-1878）出任主診醫師。然上述醫師，均以向中國內地開拓宣教事工為念，相繼離開香港，使該會在港的醫療傳教事業，無以為繼。[5]

直至80年代，倫敦傳道會在港的西人教會愉寧堂（Union Church）及華人教會道濟會堂始再關注醫療傳教。1881年來自加拿大的愉寧堂會友楊威廉醫師（William Young, ?-1888）首先成立醫務委員會，推動華人醫療事工，於皇后大道西的太平山禮拜堂始設診所，應診者眾，大受鼓舞。香港倫敦傳道會遂向倫敦總部要求撥款，計劃擴建診所成為一所教會醫院，以華人為對象，治病與宣教並重。因而購買荷李活道及鴨巴甸街交界62A作為興建教會醫院及華人教堂之用。至1884年，原為道濟會堂堂牧何進善（1817-1871）之子何啟（1859-1914），因其妻雅麗氏（Alice Walkden, 1852-1884）在港患傷寒病逝世，為紀念亡妻，決定捐獻醫院之建築費用。而富商庇理羅士（Emanuel R. Belilios, 1837-1905）亦允捐5,000元作為購買新院醫藥之用。本地醫師楊威廉、孟遜（Patrick Manson, 1844-1922）、夏鐵根（William Hartigen）及政府檢疫官佐敦（George Jordan）等相繼熱心支持此項善舉，並允諾出任義務醫師。香港倫敦傳道會湛約翰牧師（John Chalmers, 1825-1899）遂起而策劃，終於促成此一教會醫院於1887年2月17日

5　李志剛，《馬禮遜牧師傳教事業在香港的延展》（香港中文大學宗教與中國社會研究中心，2007），頁16-18；蘇精，〈黃寬及倫敦傳教會〉，羅婉嫻，〈倫敦傳道會與十九世紀末香港西方醫療體系在華人社區的發展〉，《近代中國基督教史研究集刊》，3期（2000），頁24，6期（2004/2005），頁17-22。

正式建成和啟用，是為雅麗氏紀念醫院。新醫院所在地乃本港
華人聚集的上環社區，熱鬧繁囂，遂為當地華人病患者提供慈
惠的醫療服務。醫院建築，樓高兩層，兼有地庫，分別設有
辦事處、男、女門診室、病房、手術室、藥房、圖書室、宿
舍、浴室、廚房，並有病床80張；又有走廊，與鄰接的道濟會
堂相連。此一為華人提供西醫治療的新醫院，開設後深受華人
病患者的歡迎，得以造福華人社群。[6]（圖一）而孫中山就讀
的香港西醫書院即以該院為其教學與實習的場所。

第二節　香港首間專上學院──香港西醫書院

新成立的雅麗氏紀念醫院，求診者眾。[7]與此同時，遂有
創辦醫校，培訓華人西醫及護士的構思。何啟、孟遜及康德黎
（James Cantlie, 1851-1926）即為此一構思的推手。

何啟早年習醫於鴨巴甸大學（Aberdeen University），取得
醫學士學位，並獲皇家外科院士銜頭，為雅麗氏紀念醫院創
辦的功臣，自然關注醫學教育。[8]與何啟同校醫科畢業的孟遜

---

[6] 雅麗氏紀念醫院的購地、開辦章程，見 "Constitution of the Alice Memorial Hospital," *Report of the Alice Memorial Hospital in Connection with the London Missionary Society for the Year 1889* (Hong Kong: China Mail Office, 1890), p. 2; E.H. Paterson, *A Hospital for Hong Kong: The Centenary History of the Alice Ho Miu Ling Nethersole Hospital 1887-1987* (Hong Kong, 1987), pp. 9-19; Jean Cantlie Stewart, *The Quality of Mercy: The Lives of Sir James and Lady Cantlie* (London: George Allen and Unwin, 1983), p. 45.

[7] "Statistical Abstract," *Report of the Alice Memorial Hospital*, p. 6. 1889年該院病人569人，求診人數為16,828人。

[8] 何啓生平與思想，見李金強，〈香港華人與中國──何啓、胡禮垣個案之研究〉，《書生報國──中國近代變革思想之源起》，頁40-56，並參G.. H. Choa, *The Life*

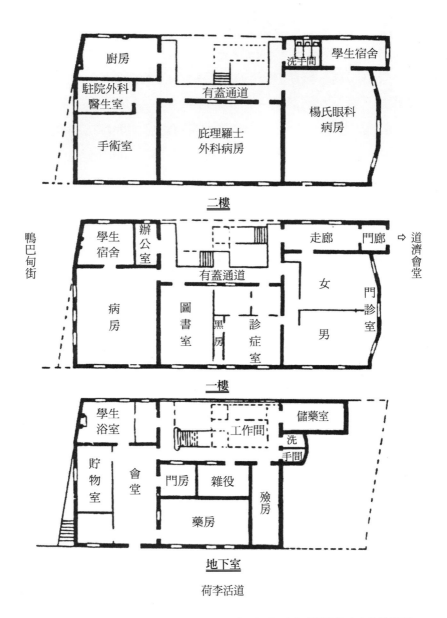

二樓

一樓

地下室

荷李活道

圖一　雅麗氏醫院（Alice Memorial Hospital）圖則（引用及修改自吳倫霓霞：
　　　《孫中山在港澳與海外活動史蹟》，頁18-19）

及康德黎，亦先後來港執業行醫。孟遜早年自英來華，於高雄、廈門兩地出任中國海關醫生，其後以研究熱帶醫學著稱於世，1883年來港行醫，並為雅麗氏紀念醫院的義務醫師。於1886年，孟氏結合本地專業醫師，首創香港醫學會，並由其擔任主席，推動在本港創辦醫校。[9]而康德黎原來任職於倫敦查靈高醫院（Charning Cross Hospital）的外科醫師，並參予聖約翰救傷隊等志願工作，於1887年7月應孟遜之邀東來香港行醫，其時已有在港創辦醫校，培訓華人青年的構思。[10]1887年8月30日康德黎遂起而聯同何啟、孟遜、佐敦等人於雅麗氏紀念醫院召開會議，討論如何向華人推動西醫，出席者尚有湛約翰牧師、楊威廉、佐勒克藥劑師（D. Gerlach）及古路（W. Edward Crow）等合共8人。共推湛牧為會議主席，會議中一致同意成立香港西醫書院（College of Medicine for Chinese），並議決此一「籌備」會議日後擴充成為該院的評議會（Senate）；又委任孟遜為首任教務長（Dean），康德黎為秘書（Secretary），邀請前中央書院校長及華民政務司的史超域（Frederick Stewart, 1836-1889）出任院長（Rector）；並議決創校典禮為同年10月1日於香港大會堂（City Hall）舉行，由港督主理，院長致

---

and Times of Sir Kai Ho Kai (Hong Kong: The Chinese University Press, 1981) 一書。

[9] 孟遜生平及其醫學成就，可參David Arnold, Review of Imperial Medicine: Patrick Mansion and the Conquest of Tropical Disease by Douglas M. Haynes," Victorian Studies, vol. 45, iss. 4 (2003), p. 733. 指出孟遜生平，以1889年離港回英為分水嶺，前此在華、在港行醫；其後則於倫敦從事熱帶醫學研究，成為權威學者。Brian Harrison ed., University of Hong Kong: The First 50 Years 1911-1961 (Hong Kong University Press, 1962), p. 7, 指孟遜擬創辦醫校培訓華人業醫理念，受到本港外籍人士的質疑。

[10] Jean Cantlie Stewart, op. cit., p. 38, 42.

詞。[11]隨即獲得署理港督金馬倫（N.G. Cameron）及港督德輔（Sir George William Des Voeux, 任期1887-1891）之支持，而本地紳商亦熱心捐貲贊助，該院遂於同年10月1日正式舉行創校典禮，由署理港督金馬倫主禮及首任院長孟遜致詞，表示推廣西醫目的在於造福中華醫療衛生。[12]而該院遂成為本港開埠以來第一所專上學院。[13]（附錄一）

新成立的香港西醫書院，（圖二）為一五年制醫學院，乃依循英國醫學院設於醫院的模式辦學，並獲倫敦傳道會湛約翰牧師同意，提供雅麗氏紀念醫院作為該院的教學及實習場地。而任教的講師均為義務性質；至於申請入學學生均需提交認可文憑，或參加英語入學考試，並需繳交學費，五年合共200元。然書院設立獎學金，頒予成績優異生。就體制而言，首設評議會，負責該院的講師、教學、考試及學術事宜的安排。而於其上設院務會（Court），規劃全院的院務。院務會的成員包括院長、院長顧問（Rector's assessor）、教務長及雅麗氏醫院代表等。又以院長為一院之首，下設教務長，後者實際負責全院一應事宜。另有名譽贊助人、秘書、榮譽秘書等職，此外，設有各科講師10餘人，專職教學及實習指導。[14]

---

[11] Minute-book of Senate, Hong Kong College of Medicine (hereafter as HKCM), pp. 5-7.

[12] Jean Cantlie Stewart, op. cit., p. 44. 見金馬倫及孟遜的致詞。

[13] 香港西醫書院史，可參Dafydd Emrys Evans, *Constancy of Purpose: An Account of the Foundation of the History of the Hong Kong College of Medicine and the Faculty of Medicine of the University of Hong Kong 1887-1987* (Hong Kong University Press, 1987) 一書。

[14] Minute-book of Court, HKCM, p 41; Minute-book of Senate, HKCM, p. 21; Dafydd Emrys Evans, ibid., pp. 37-38; Jean Cantlie Stewart, op. cit., p. 43. 又申

附錄一　香港西醫書院創校典禮邀請咭
　　　　（藏於Wellcome Library MS. 793713, Cantlie Papers）

College of Medicine for Chinese, Honghong.

The Senate request the honour of the attendance of

on Saturday, October 1st, 1887, at Three o'clock in the afternoon,
IN THE CITY HALL.
When the Inaugural Address will be delivered by
Patrick Manson, M.D., LL.D., Dean of the College.
HIS EXCELLENCY THE ACTING GOVERNOR WILL OCCUPY
THE CHAIR.
PLEASE ADDRESS REPLY TO DR. JAMES CANTLIE, SECRETARY OF THE SENATE.

圖二　香港西醫書院（引用自羅香林：《國父在香港之歷史遺蹟》，圖
　　　片，頁19）

時評議會及院務會主席分別由湛約翰及楊威廉出任，孟遜任教務長，康德黎任秘書，何啟任榮譽秘書。名譽贊助人包括直隸總督李鴻章（1823-1901），輔政司駱克（J.H. Stewart Lockhart, 1858-1907），富商庇理羅士等。秘書一職，翌年由倫敦傳道會醫療傳教士譚臣（John C. Thomson, M.A., M.B., C.M.）出任，至1889年史釗域去世，院長改由首席法官羅素（Sir James Russell）出任，而教務長亦因孟遜回英，改由康德黎繼任。就講師而言，均為殖民地官員及醫療界的精英，主要來自私人執業醫師，軍醫監及雅麗氏紀念醫院的醫師，然皆義務兼任。[15]

就學制與課程而言，該院為五年制文憑課程，採用英語教學。課程內容及編制，與英國醫學院相同，主要包括自然科學及醫學兩大範疇。而教學進程，先以自然科學，如植物學、化學、物理學等為基礎，繼而學習各種醫學及臨床醫術。其課程安排如下：

第一年修讀：植物學、化學、解剖學基礎、生理學基礎、藥物學、物理學及臨床診察等7科。

請入學之條件，參 "College of Medicine for Chinese, Hong Kong, Constitution, Curriculum," Wellcome Library, M.S. 7937/4, p. 7. 然陳少白入讀西醫書院，乃由孫中山推介，康德黎接納即可。由此可見，收生並非完全依規條辦事，見陳少白，《興中會革命史要》（1935）（台北：中央文物社，1956，重印），頁6。

[15] 講師任教科目表，見羅香林，〈香港早期西醫書院及其在醫術與科學上之貢獻〉，頁146-148，並參Minute-book of Senate, HKCM, Fourth Meeting (March 20, 1888), p. 21; Eighth Meeting (September 19, 1889), p. 45 關於各科講師的委任；Eleventh Meeting (December2, 1890), p. 56, 委任羅素為第二任院長；又參黃宇和，《中山先生與英國》，頁70-75，指譚臣出任秘書後，從事集權，並將雅麗氏紀念醫院，由一公共慈善醫院改變成為一傳教醫院。

第二年修讀：解剖學、生理學、內科、婦產科、病理學
及外科等6科。

第三年修讀：法醫學、公共衛生及實用初級外科等3科。

第四年、五年則修讀內、外及產科之之臨床科目。[16]

然至1891年9月的新學期，評議會通過新的課程安排，共
分三大範疇：

初級生科目：解剖學、植物學、化學及物理學。

初級生與高級生共同科目：臨床藥物，臨床外科，拉丁
文，藥物學，牙醫科、眼科及外科。

高級生科目：內科、產科、外科，[17]與初辦時課程稍見
變動。

各級學生於修讀完畢後，均須參加各科的專業考試
（Professional Examination），考試制度乃以英國醫科考試為
本。每一年課程完成後，依據所修讀的科目出題，考核學生
成績，並委任考試委員監考。[18]（附錄二及三）在校學生若能
完成五年課程，而參加規定各科的專業考試合格者，院方將
准予畢業，並授予「香港西醫書院內外科證書」（Licentiate in
Medicine and Surgery of the Hong Kong College of Medicine），簡寫
為L.M.S.H的專業資格。

---

[16] 羅香林，〈香港早期西醫書院及其在醫術與科學上之貢獻〉，頁144-146；G. H.
Choa, *The Life and Times of Sir Kai Ho Kai*, p. 60.

[17] Minute-book of Senate, HKCM, Fifteenth Meeting (10th July 1891), p. 73.

[18] 現存可見的專業考試試題，分別為1888年及1889年度，見羅香林，〈國父之大學時
代〉，頁13-14、16-22；考試委員名單，並見Minute-book of Senate, HKCM, Sixth
Meeting (July 8th, 1888), p. 37.

附錄二　孫中山的解剖學答卷
（藏於Wellcome Library MS. 2934, Cantlie Papers）

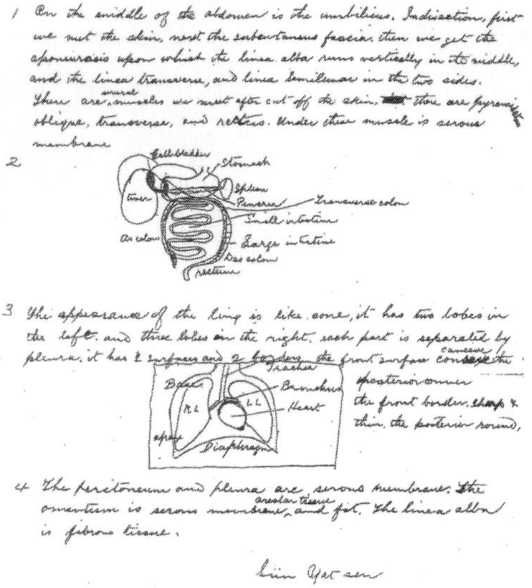

1 On the middle of the abdomen is the umbilicus. Indissection, first we met the skin, next the subcutaneous fascia. then we get the aponeurosis upon which the linea alba runs vertically in its middle, and the linea transverse, and linea semilunar in the two sides.
There are several muscles we meet after cut off the skin, there are pyramidalis obliqua, transverse, and rectus. Under these muscle is serous membrane

2

Gallbladder
Stomach
Liver
Spleen
Pancreas
Transverse colon
Small intestine
As colon
Large intestine
Des colon
rectum

3 The appearance of the lung is like cone, it has two lobes in the left. and three lobes in the right. each part is separated by pleura. it has 2 surfaces and 2 borders. the front surface concave the posterior convex
the front border sharp & thin. the posterior round,

Trachea
Base
Bronchus
RL
LL
Heart
apex
Diaphragm

4 The peritoneum and pleura are serous membranes. The omentum is serous membrane, areolar tissue and fat. The linea alba is fibrous tissue.

Sun Yat sen

孫中山的解剖學答卷（何偉宗醫師譯）

1 腹部中央是臍。解剖時，第一層是皮膚，接著是皮下筋膜，然後是腱膜。縱走在腱膜中央的是白線，兩側是橫線及半月線。切去皮膚後，是幾條肌肉。分別是：斜錐肌、橫肌、及直肌。肌肉底下是漿膜。

2

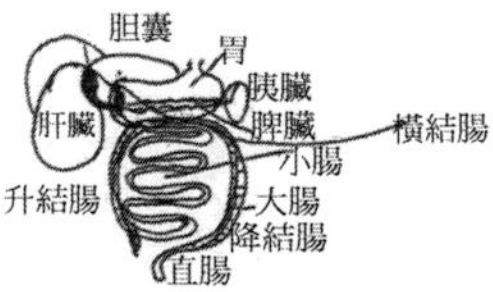

胆囊
胃
胰臟
肝臟
脾臟
橫結腸
小腸
升結腸
大腸
降結腸
直腸

3 肺呈圓錐形。左邊有兩葉，由胸膜分隔開。有兩面和兩邊：前面凸出，後面凹陷；前邊薄而利，後邊鈍圓。

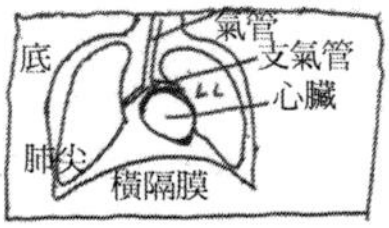

氣管
底
支氣管
心臟
肺尖
橫隔膜

4 腹膜及胸膜都是漿膜。腹網膜是漿膜，疏鬆結締組織和脂肪。白線是纖維組織。

孫逸仙

附錄三　陳文韶（少白）的解剖學答卷
（藏於Wellcome Library MS. 2935, Cantlie Papers）

College of Medicine for Chinese, Hongkong.

PROFESSIONAL EXAMINATIONS.

Anatomy

Chan Man Shiu

5

The Portal vein is a venous vessel to the liver, its origin is formed by the junction of superior Mesenteric and Spancreatic vein. It runs along between the small omentum, & before it reaches the livers is devided into two, then goes in the liver form the lobules from these lobules are subdivided into smaller between the cells of liver, called the interlobular; finally pass into the cells, are called the intralobular, and from here the termination of Portal vein to be seen.

8

3

Structures of Bladder are three coats and one band extrinsically. This fibrous band is arise from the superior border crosses around the the bladder at middle line, to the inferior border. beneath this is connective fibrous layer, surround whole body of the bladder and formed the external coat. The middle coat is the muscular layer, also envelope whole bladder. The internal coat is really two the sub-mucous membrane containing the numerous glands, and the mucous membrane, lining by the transitional epithelium. It has in front the symphsis pubis. above behind, the rectum, the reflected peritoneum; below, the rectum.

8

The arterial supply are the superior, middle

而孫中山自1889年至1892年間，即在此一「英文醫校⋯⋯學課較優」[19]的香港西醫書院中，渡過其五年寒暑，最終完成學業，並以優異成績畢業，從而取得醫學的專業資格。

第三節　孫中山的大學生活

孫中山於1886年中央書院結業後，由為其洗禮的美部會傳教士喜嘉理牧師致函廣州博濟醫院院長嘉約翰（John G. Kerr, 1824-1901），推薦其入讀該院的醫校，並獲減免學費。[20]就讀期間，得識倫敦傳道會的廣州傳道區鳳墀（1847-1914），一見如故，情如父子。[21]翌年，適值香港西醫書院開辦，區氏遂告知孫中山，指西醫書院「彼新設者，強勝廣州」，建議轉校香港，區氏「乃為之介紹」，[22]遂重返香港入學西醫書院。西醫書院於1887年10月1日正式成立，孫中山隨即於10月3日開始上課，[23]展

---

[19] 孫中山，〈建國方略〉，《孫中山全集》，6卷，頁229。

[20] 喜牧生平，參張建華，〈孫中山的施洗牧師喜嘉理〉，《近代史研究》，1期（1997），頁273-280；並參Charles R. Hager, "Some Personal Reminiscences," in Lyon Sharman, Sun Yat-sen, His life and Its Meaning (Stanford: Stanford University Press, 1934), p. 384.

[21] 尹文楷，〈二十五年來香港之教會〉，《真光》，26卷6號（1927），頁7。尹氏為區鳳墀的女婿，於1886年任職博濟醫院，得識孫中山，遂推介孫、區二人相識。華中興，《中山先生政治人格的解釋》（台北：正中書局，1992），頁84。華氏透過孫中山之《我的回憶》（1911）一文，指出孫氏對區氏具有孺慕之情。

[22] 尹文楷，〈二十五年來香港之教會〉，頁7。

[23] 關於孫中山於西醫書院入學時間，前此羅香林於《國父之大學時代》一書，認為乃1887年1月。後陳錫祺重新考訂為同年9月，見陳錫祺，〈關於孫中山的大學時代〉，頁42-43；近日黃宇和據西醫書院評議會會議記錄，指出10月3日（週一）乃康德黎講授解剖學的開課首日，考訂孫氏應於10月3日正式上課，今取黃說，見黃宇和，《中山先生與英國》，頁66-67。

開其在該校「渡過一生歡樂的五年」[24]的習醫生涯。

孫中山為香港西醫書院首屆入學學生，同屆尚有11人，分別為王約翰（John Wong）、江雲萬（Kong Wing Wen）、劉四福（Lau Sz Fuk）、楊志遠（Yeung Chi Yuan）、薛南（Sit Nam）、趙漢勛（Choa Han Shun）、趙寶瑞（Chao Poa Swu）、關景良（Kwan King Leung）、胡爾楷（U I Kai）、王世恩（Wong Sai Yan）及江英華（Kong Ying Wa），合計12人。首屆12人，結果只有6人畢業，取得行醫專業資格，分別為孫中山、江英華（1892年畢業）、關景良（1893年畢業）、劉四福、胡爾楷、王世恩三人畢業於1895年。只有孫、江二人是同時五年畢業，而其中關景良與孫中山關係密切，情誼最篤。[25]此外，由區鳳墀推介認識孫氏的陳少白（1869-1934），稍後亦因孫中山關係，推薦於康德黎而得以入學西醫書院，二人義結金蘭，亦情同手足，日後且成為倡導革命的「親密戰友」。江、關、陳三人日後均有「口述歷史」面世，為此一時期孫中山的生活剪影，留下了重要的記錄。[26]

關於孫中山於西醫書院的學習情況，就現存該院評議會記錄，可知開辦首年上、下學期的情況。分別說明如次：

---

[24] 孫中山，〈我的回憶〉，《孫中山全集》，1卷，頁547。

[25] 羅香林，〈國父之大學時代〉，頁33-35。關景良為倫敦傳道會長老，且為「近代中國牙醫鼻祖」關元昌（1832-1912）之子，1893年畢業後，曾任江南沿江炮台醫務官，後於香港行醫而著稱，並參關肇碩、容應萸，《香港開埠與關家》（香港：廣角鏡出版社，1997），頁7-14、16-17。

[26] 簡又文，〈國民革命文獻叢錄〉，《廣東文物》（上海書店，1990），頁401-402。此文以關景良、景星兄弟之口述歷史為主；鄭子瑜，〈總理老同學──江英華醫師訪問記〉，《華僑日報》，藏於中國國民黨黨史委員會030/152；陳少白，《興中會革命史要》，該書為1929年陳氏的口述，由許師慎筆錄，日後刊印成書。

上學期（冬季，1887年10月1日至1888年3月30日）時間表

科目	時間	週一	週二	週三	週四	週五
解剖學	7:30 a.m.	＊	＊	＊	＊	＊
生理學	7:00 p.m.	＊	＊	＊	＊	＊
化學	8:30 a.m.	＊	－	＊	－	＊
植物學	8:00 p.m.	＊	－	＊	－	＊
臨床診察	5:30 p.m.	＊	－	＊	－	＊
物理學	8:00 p.m.	＊	＊	－	＊	－

附註：「＊」表示上課，「－」表示無需上課

可知解剖學、生理學皆每週上課5節，而其餘各科則為3節。

下學期（夏季，1888年5月2日至7月31日）時間表

科目	時間	週一	週二	週三	週四	週五	週六
實用化學	7:30-9:00 a.m.	－	＊	－	－	＊	－
藥物學	6:00-7:00 p.m.	＊	－	－	＊	－	－
實用病理學	7:30-9:00 a.m.	＊	－	－	＊	－	－
初級外科	6:30-7:00 p.m.	－	－	＊	－	－	＊
植物學		－	－	＊ 5:30 p.m.	－	＊ 8:00 p.m.	－

可知下學期各科皆每週2節。又根據上列時間表，可知上課時間集中於早上及晚間，此點大抵與授課講師皆義務兼職所使然。[27]

至於課餘時間，乃參予實習工作。該院學生均需參加雅麗氏紀念醫院的裹傷、文書、配藥以及擔任外科醫生助手的實習工作。上述工作，規定每名學生每兩個月輪班一項新工作，使其學以致用。至於各科的授課則分別在手術室、病房中進行。唯獨植物學，化學則在歌賦街中央書院的植物學、化學教室授課，而植物學則更至植物公園（Botanical Garden）作實地觀察。[28]

就授課講師而言，當以孟遜、康德黎、何啟等三人最為著稱，三人亦對孫氏此後思想、學識、言行具有相當影響，而與康德黎關係最深。孟遜時任教務長，任教臨床診察，對孫氏亦見愛重。至於康德黎，不但參予該院創辦及執行院務，並任教解剖學、骨科及實用初級外科等科目，又於課堂上推介達爾文（Charles R. Darwin, 1809-1882）之進化論，促成孫氏對進化論閱讀的興趣。康氏於課餘時間，組織香港炮兵團志願軍（Hong Kong Artillery Volunteers）的救傷隊，又參予紅十字會，及聖約翰救傷隊的活動，時常公開演講急救學與救傷學，並發動西醫書院學生參予救傷服務，從而使孫中山對於救傷學原理

---

[27] Minute-book of Senate, HKCM, Second Meeting (Sept. 29, 1887), p. 13; Fifth Meeting (April 30, 1888), p. 29.

[28] *Report of the Alice Memorial Hospital in Connection with the London Missionary Society for the Year 1889*, op. cit., p. 16; 並參羅香林，〈國父之大學時代〉，頁13-15。

及服務具有認識，[29]日後且翻譯救傷法。[30]

此外，康氏又將任職查靈高醫院時的英式生活引進西醫書院，包括抽煙、娛樂、社團、紙牌、網球、板球、槌球、划船等；又教導該院學生打板球、槌球，後者尤為孫中山所好。[31]

由於孫氏在校成績優異，故最為康氏所賞識，二人遂建立深厚情誼。日後孫氏投身革命，1896年於倫敦蒙難，即獲康氏聯同孟遜二人為之援救，並由此知名於世，建立其為革命英雄的歷史形象。[32]

何啟亦為該院創辦人及出任榮譽秘書，且任教法醫學及生理學。更值得注意者為1887年起而論政，針對曾紀澤發表〈中國先睡後醒論〉一文，指出清廷以國防工業為重心的洋務建設，乃屬枝節改革。根本之圖，應在於刷新內政，主張啟動政治制度改革，其後又與胡禮垣合撰《新政真詮》一書，建議

---

[29] 羅香林，〈國父與康德黎博士〉，《國父與歐美之友好》（台北：中央文物供應社，1991），頁32-46、60；Jean Cantlie Stewart, op. cit., pp. 55-56; James Cantlie & C. Sheridan Jones, *Sun Yat-sen and the Awakening of China* (New York: Fleming H. Revell Company, 1912), pp. 34-35; "Cantlie Papers," M.S. 7920, Wellcome Library, 謂康氏乃香港聖約翰救傷隊委員會主席。其公開演講，自1888年11月起已對公眾、婦女及警察述救急學，包括1892年4月22日演講「對於傷兵的急救」、「傷者的急救」，又於1896年1月21日至2月4日發表五講「怎樣對傷者提供急救」等，可見康德黎為救傷學的專家。又近日黃宇和據《德臣西報》（*China Mail*）記述香港開埠50週年慶祝時，康德黎帶領西醫書院學生曾於1891年1月28日參加開埠紀念閱兵典禮，並推測孫中山亦參予閱兵，見黃宇和，《中山先生與英國》，頁89-91，並參《三十歲前的孫中山》，頁412-417，指參與閱兵，加深其對中國必需革新的思想。

[30] 孫中山，〈紅十字救傷第一法譯序〉，《孫中山全集》，1卷，頁107。「吾師簡大理前在香港……創有香港赤十字會，集其地之英商、軍士及巡捕等而督課之。」

[31] Jean Cantlie Stewart, op. cit., p. 46.

[32] 黃宇和，〈英雄形象一百年——紀念孫中山倫敦蒙難一百週年〉，《近代中國》，115期（1996），頁56-73。

清廷應從事政治、經濟、教育等各方面更革，[33]而孫中山在學時期的改革思想之孕育，自然受其影響，此點已為史家多所肯定。[34]

尚須注意者為該院的化學教師古路，及植物學教師福爾德（Charles Ford），尤受稱許，以其二人教學法優良之故，前者重視實驗，後者重視實地觀察。[35]就讀期間，孫中山對於農學，至感興趣，其農學智識基礎即來自化學、植物二科。先後撰寫〈致鄭藻如書〉（1890）及〈農功篇〉（1891），以至〈上李鴻章書〉（1894），提出吸取西方農業技術、農產品商業化及講求西方農學，藉以振興我國農業的改革主張，從而成為近代中國農業改良的先驅者。[36]

時西醫書院為該院學生提供食宿，孫中山與關景良同居醫院二樓的宿舍。稍後陳少白入學，亦同居一室，生活起居皆情同手足，其中關景良的口述歷史，指出孫氏專心學業，非常勤奮，日間習讀醫書，夜間研究中文文史，並愛讀《法國革命史》（翻譯本）及達爾文的進化論，無形中增加吾人對於孫中山在西醫書院學習情況的側面瞭解。

孫中山在西醫書院的學習，尚須一提為其教會生活。自1883年到港後，隨即接受喜嘉理的洗禮而成為教徒，及至入學

---

[33] 李金強，〈香港華人與中國——何啓、胡禮垣個案研究〉，頁40-78。

[34] 陳錫祺，〈關於孫中山的大學時代〉，頁58-59；Harold Z. Schiffrin, *Sun Yat-sen and Origins of the China Revolution* (Berkeley: University of California Press, 1968), p. 26, note 68; 孫中山面告傅秉常曾受教於何啓而得益。

[35] 羅香林，〈國父之大學時代〉，頁13、15。

[36] 李金強，〈孫中山之早期思想——農業改良言論探討（1887-1895）〉，《書生報國——中國近代變革思想之源起》，頁145-161。

西醫書院。由於該院創設，與倫敦傳道會醫療傳教具有密切關係，且院址與該會華人教會——道濟會堂相連接。而堂牧王煜初牧師，與區鳳墀相熟，故孫氏自廣州轉學西醫書院，區氏早為之介「引與（王）煜初先生相識」。[37]孫氏遂於道濟會堂參加主日崇拜，並與王牧建立良好之友誼關係。據王牧之子寵惠的記述：「國父年方二十有二，習醫於是間，課餘輒偕學侶陳夔石君（少白）與先君子相過從，互相研討耶穌與革命思想——二人相處，怳若志同道合。」[38]

而更重要則為1889年倫敦傳道會總部派遣醫療傳教士譚臣至港，主理雅麗氏紀念醫院院務。身為傳教士的譚臣，重視宣教，遂透過對醫院行政管理，將原具公眾慈善性質的雅麗氏紀念醫院轉化為一傳教醫院，強調醫療傳教的重要性。[39]

至1889年9月，譚臣且參予西醫書院的教學，負責講授病理學，並開始向該院學生宣教，邀請學生每週日早上查經，並於每週四黃昏在其家中練習聖詩，以便在主日崇拜獻唱，據譚臣所說，該院學生從無缺席，孫中山即為其中一員。[40]

---

[37] 尹文楷，〈二十五年之香港教會〉，頁7。

[38] 王寵惠，〈追懷國父述略〉，《困學齋文存》（台北：中華叢書委員會，1957），頁1。

[39] 黃宇和，《中山先生與英國》，頁70-84。黃氏認為譚臣強化宣教作用，於該院進行權力鬥爭，排擠孟遜及康德黎，因而刺激孫中山信仰淡化。然而此點頗值商榷，蓋因雅麗氏紀念醫院及西醫書院的創設，倫敦傳道會居於主導地位，借此宣教，無可厚非。其次，孫中山曾自述於西醫書院求學時期研習科學，始覺基督教不合邏輯，信仰減退，但卻並未放棄基督教。參宮崎寅藏，〈孫逸仙傳〉，《宮崎滔天論孫中山與黃興》（台北：中正書局，1977），頁12。

[40] 黃宇和，《中山先生與英國》，頁84-86；並參《總理開始學醫與革命運動五十週年紀念史略》（廣州嶺南大學刊印，1935），頁13-14；謂「醫校學生在雅麗氏醫院上課，星期日則在道濟會堂禮拜。」

孫中山既在具有教會背景的西醫書院求學，又在鄰接的道濟會堂聚會。對於教會事工遂多參予，最明顯莫如1891年春，與教友共同創立「少年會」，名之曰「培道書室」，以此為「公暇茶餘講道論文之地」。該會並透過「講授專門之學」，藉以「聯絡教中子弟」，此一活動乃以教會團契生活來維繫教會中少年的信德，藉此「撥吾教於磐石之固也」。[41]由此可見，其時孫中山無疑是一位虔誠基督徒。而孫氏亦因此一基督徒的身份，日後取得沿海以及海外華人教會對其革命運動的支持。[42]

第四節　孫中山的畢業日

與孫中山情同兄弟的陳少白，在其《興中會革命史要》一書中，指出孫中山在學成績「多滿分」，並指出孫氏畢業證書「英文是校長寫的，中文是我填的」，為孫中山的學習成績及畢業首先作出了記述。[43]所記容或誇大，然在學五年的孫中山，事實上其學業成績，卻是與日俱進，日見優異。

西醫書院規定學生修習期間，每年均需參加專業考試，根據現存所知記錄，孫中山的成績如下：

---

[41] 孫中山，〈教友少年會紀事〉，陳建明，〈孫中山早期的一篇佚文——教友少年紀事〉，《近代史研究》，3期（1987），頁185-190。

[42] Lyon Sharman, op. cit., p. 84; Carl T. Smith, "Sun Yat Sen's Baptistism and Some Christian Connection," in *Chinese Christians: Elites, Middlemen and the Church in Hong Kong* (Hong Kong: Oxford University Press, 1985), p. 87.

[43] 陳少白，《興中會革命史要》，頁6。

1888年第一學年專業考試，共考7科，滿分為700分。孫氏取得493分，名列13人中之第3名，僅次於王約翰及江雲萬二人。其中以化學92分，生理學81.5分，兩科成績最高。

1889年第二學年，參考者9人，共考2科。孫氏之解剖學80分，生理學85分，兩科均獲「榮譽」（Honours），因而為名列全級之冠。

1891年參考者5人，共考3科。孫氏所考法醫學98.5分，公眾衛生學116分，實用初級外科90分，平均分83分，為5名考生中之冠。

經過5年的辛勤學習，孫氏於1892年畢業班的專業考試，參考者4人，共考3科，祗有孫氏與江英華兩人合格。孫氏所考產科80分，外科71分，內科68分，平均分為73分。而江英華平均分則為67分。孫氏名次第1。

總計孫氏在校五年，共參加專業考試12科，其中10科成績取得「榮譽」，2科取得合格（pass），而江英華則6科取得榮譽，6科取得合格。二人的專業考試遂告完成。[44]並獲院方評議會通過授予畢業文憑，其中孫氏成績最佳，故給予「極優成績」（High Distinction）的榮銜，以資獎勵。[45]

綜觀孫氏的五年求學，由於成績時常名列前茅，故先後獲得屈臣氏獎學金（Watson Scholarship）、植物學獎、化學獎及臨床診察獎等獎項。[46]至畢業時，再取得High Distinction的極

---

[44] 羅香林，〈國父之大學時代〉，頁43-49；又參陳錫祺，〈關於孫中山的大學時代〉，頁46。陳氏認為12科專業考試的成績，乃五年來的成績總匯，而非羅香林所說再考12科作為畢業試成績，並參China Mail, 18th October, 1889。

[45] Minute-book of Senate, HKCM, Twentieth Meeting (16th July 1892), p. 89.

[46] Brian Harrison, University of Hong Kong: The First 50 Years 1911-1962, p. 14.

優成績，其學業表現雖然並非陳少白所說的「多滿分」，然傑出優異當無庸置疑。

　　1892年7月23日為香港西醫書院創校以來重要的日子，此為創校五年以來出現首屆畢業生。是日下午由港督羅便臣爵士（Sir William Robinson, 任期1891-1898）親臨主持畢業典禮，出席者包括殖民地政府官員，社會賢達以及該院員生。但見中外仕女雲集，同慶此一開埠以來首間專上學院的首次畢業禮。

　　典禮過程，先由時任學院秘書倫敦傳道會的譚臣報告各科專業考試成績第一名的得獎學生，並由港督頒獎。孫中山連中「三元」，分別為內科、產科及公眾衛生三科取得第一名，並獲頒三本醫學專著的獎項。繼由教務長康德黎講話，指出首屆畢業生獲頒文憑的開創性意義，進而說明書院創立的意義在於造福中華，又申述該院院務之發展、困難，及其未來動向，此一對該院創辦精神及意義闡釋的傑出講話，使與會者留下深刻的印象。[47]

　　隨即由港督頒授畢業證書予孫中山及江英華二人，孫中山的畢業證書，特別註明為極優成績。港督於頒授文憑後，發表對該院展望的演說（hopeful speech），表示他將努力改善港府財政和對該院的支持。完結後由剛選出的第三任院長克拉克（Fielding Clarke）首席法官及中央書院代表法蘭西斯律師（J.J. Francis）先後致答謝詞，首屆畢業禮亦於此禮成。[48]孫中山終

[47] "Dinner by the Dean, College of Medicine for Chinese," *China Mail*, no. 9197 (July 1892).

[48] 首屆畢業禮過程，見 "Presentation of Diplomas by Sir William Robinson, College of Medicine for Chinese," *China Mail*, no. 9196 (July 23, 1892)；畢業禮講話及

於在五年的辛勤研習後，取得了醫學專業資格。

同日晚上，在康德黎的安排下，該院舉行首屆畢業生晚宴於香港太平山頂柯士甸山酒店（Mount Austin Hotel）。（附錄四）該酒店建於海拔1,400呎太平山頂的維多利亞峽（Victoria Gap），建築優美，會客廳、宴會廳陳設高雅，可以俯覽港島西、南兩面的海峽勝景，為一令人賓至如歸的酒店，時為香港三大名酒店之一。[49]（圖三）康德黎自山頂纜車啟用後，於1889年搬遷至空氣較佳的山頂喀列峰（Mount Kallett）建屋居住，並開設山頂醫院（Peak Hospital），故為該酒店的常客而安排此次晚宴。[50]

晚宴來賓皆與該院具有密切關係者，共計50多人，除該院康德黎、譚臣、湛約翰等員生外，重要賓客尚包括港督羅便臣、輔政司駱克、陸軍少將伯架（Digby Barker）、新任院長克拉克首席法官等人。晚宴菜式豐富，計有魚子醬三文治、餐湯、魚、主菜、肉類、蔬菜、沙律、咖喱、糕餅、茶、咖啡。（附錄五）佳餚美食，氣氛愉悅，當為孫氏一生中難忘情景之一。

謝詞等見羅香林，〈國父之大學時代〉，頁49-57，並參〈國父與康德黎博士〉，《國父與歐美之友好》（台北：中央文物供應社，1951），頁38-45。

[49] The Hong Kong Guide 1893 (Hong Kong: Oxford University Press, 1982, reprinted), pp. 77-78. 其餘兩間著名酒店分別位於畢打街的香港大酒店及皇后大道中的維多利亞酒店。

[50] 參 "Cantlie Papers," Wellcome Library, 康氏文件中尚存有1894年8月25日（週六）該酒店的餐單，列有餐湯、魚、主菜、肉、蔬菜及甜品等17道菜式，以供選擇，可知其對此一酒店的愛好；並參Jean Cantlie Stewart, op. cit., p. 50.

附錄四 香港西醫書院畢業晚宴咭（藏於Wellcome Library MS. 7937/7/1, Cantlie Papers）

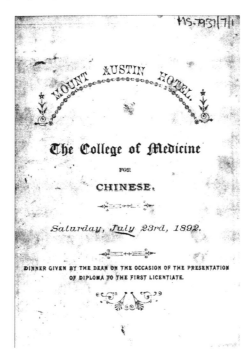

圖三 柯士甸山酒店（引用自香港浸會大學特藏部）

第二章 孫中山的大學時代（1887-1892）

附錄五 畢業晚宴的菜單
（藏於Wellcome Library MS. 7937/7/1, Cantlie Papers）

柯士甸山酒店
香港西醫書院，一八九二年七月廿三日，週六
第一屆畢業生教務長備設晚宴

菜單（Menu）

魚子醬三文治
- - - - - * - - - - -
餐湯
蘇格蘭湯　水魚湯
魚
水煮哥倫比亞鮭魚　魚捲
主菜
雞肉餡餅　酒煮橄欖鴨
蘑菇吉列牛仔肉　松露蜜餞乳鴿
肉類
燒牛肉及約克夏布甸　烤閹雞火腿
水煮羊肉續隨子醬
蔬菜
水煮馬鈴薯　薯泥　焗薯仔
蘆筍　青豆　扁豆
沙律
俄羅斯沙律
咖喱
雞
糕餅
莓子撻　百菓餡餅
奶油蛋糕　雪糕
芝士、餅乾／甜品／茶、咖啡

晚宴後，由出席賓客輪流祝酒及致詞，首先由康德黎與駱克二人開始，依慣例向女皇及港督祝酒，然後致詞。繼由剛任新院長的克拉克舉杯祝酒，與會同人回敬，深慶得人，同唱For he's a jolly good fellow（他是一個快樂的好小伙）一曲以賀，情緒熱烈。繼而由湛約翰牧師向孫中山與江英華兩位畢業生祝酒。並由孫中山代表畢業生回敬，並致答謝詞，他說「我最想說的就是感謝在座諸君對我祝酒的熱烈回應，為了我們同學及香港的福祉，我祝願母校成功！」

與會全體亦向考試委員敬酒及預祝其身心康健，而該院亦起而答謝出席者。

在杯酒交錯飲宴言歡之際，並由基斯（C.H. Grace）及古路兩位獻唱，晚宴充滿熱烈、盛意及愉悅的情緒，而最終以同唱一曲Auld Land Syne（友誼萬歲），並向康德黎及其家人再三歡呼，宴會亦在此一熱鬧「聲浪」和氣氛中結束。[51]而孫中山亦在經歷此一難忘而充滿節慶日子的畢業活動後，開始踏入他底不平凡人生的另一嶄新旅程。

第五節　結論

十九、二十世紀之交的中國，為國史上三千年來未有之大變局，此即西力東漸，傳統體制逐漸崩解的關鍵時刻。而其促成者則為改革與革命人物的登場及其相繼求變，成為世變

---

[51] 畢業晚宴過程，見 "Dinner by the Dean, College of Medicine for Chinese," China Mail, no. 9197 (July 25, 1892).

的主要動力，最終促成「新中國」的誕生。而被視為「革命先行者」的孫中山，即為二十世紀中國世變的首要推手。故其生平遂成為史家不斷投下心力，進行研究的對象。其中孫中山的大學時代，為其職業革命家生涯的起點，成為孫中山研究的首起重要課題，自二十世紀40年代羅香林始開其先，此後著述相尋，而研究焦點大多集中於孫氏革命思想與言行的由來。然而隨著新史料出現，以及史學研究風氣日重社會史、文化史的轉變，孫氏大學時代的生活史及其所處的地域文化，無疑更能引起研究者的關注。本文的研究與撰寫，著墨即在於此。

以華人為主體，具有華南傳統文化的香港，自1841年開埠以來，隨著西政、西商、西教的移植，使此一處於南天海角邊陲地帶的香港，逐漸成為中西文化結合的新社會，亦為近代中國現代化的前緣地區。值得注意者為殖民地香港新式教育的誕生，乃由基督教來華傳教透過醫療及教育手段所促成。孫中山曾就讀的拔萃書室、中央書院及本章所關注的香港西醫書院，皆與英國聖公會及倫敦傳道會具有密切關係，即為明顯例證。

隨著香港新式教育的建立與發展，逐漸湧現出一批中英雙語精英，其中最著者如容閎、黃勝、黃寬、伍廷芳、何啟、胡禮垣等人，孫中山即於此一時期入學香港中央書院及西醫書院，成為香港中英雙語精英行列中的一員。[52]本章對雅麗氏紀念醫院、西醫書院的創辦，以至孫中山於該院的入學、課堂、課餘生活及畢業日的重構，即在上述理念與角度下，進行撰寫。顯然孫中山的雙語及醫學專業的能力，有利其瞭解世局

---

[52] 李金強，〈香港中央書院與清季革新運動〉，頁258-267。

以及洞察中國國情之所弊，而其農業改良思想及其革命思想亦由此萌生。故1923年孫氏在香港大學演說中毫不諱言地指出其革新思想乃來自香港。[53]而本章即在探討孫中山在港學習促成其革命思想由來此一「革命史」課題外，嘗試透過對孫氏在西醫書院學習的生活史研究探析中，為其自云「歡樂的五年」留下一項文本的註釋。

附錄：孫中山在澳門行醫考述

孫中山於1892年7月23日在香港西醫書院畢業，然其所獲之醫學文憑，卻不能在香港執業。港督羅便臣（William Robinson）一度代為推薦，使其能回國就業行醫，然卻因向兩廣總督衙門報到時，受到留難，憤而放棄。遂轉至澳門行醫，成為澳門第一位華人西醫，[54]由於其醫術高明，妙手回春，深為當地官紳所讚嘆。[55]

然隨着相關史料及研究之出現，對孫氏在澳門行醫史事，多所考述，真相日顯，分別說明如下。

其一，孫中山至澳門行醫由來，前此皆謂乃為澳門紳商曹子基、何穗田家人治病，受到賞識。由曹、何二人聯同港商

---

[53] 孫中山，〈在香港大學的演說〉，《孫中山全集》，7卷，頁115-116。

[54] 孫中山，〈倫敦被難記〉，《孫中山全集》，1卷，頁50，孫氏自述能於澳門行醫，乃「澳門中國醫局之華董所以提攜」，並「給予醫室及病房外，更為予購置藥材及器械於倫敦」，西藥在醫局求治者頗眾，而尤以外科為繁。又其師康德黎每於週日乘輪至澳門，協助其手術。見James Cantlie and C. Sheridan Jones, *Sun Yat Sen and the Awakening of China*, op. cit., pp. 97.

[55] 馮自由，〈孫總理之醫術〉，《革命逸史》，1集，頁15-16；陳樹榮，〈孫中山與澳門初探〉，《廣東社會科學》，4期（1990），頁28-30。

陳賡虞出資協助孫氏澳開業。繼而由清季澳門賭王盧九（華紹，號焯之）之子怡若的訪問中，得知乃因其父介紹孫氏來澳，為當地聞人張心湖母親治病，堅留孫氏在澳行醫，並由時為澳門鏡湖醫院華董盧九推薦入職該院。[56]此外，尚有指乃其在港相識而任職法院翻譯之土生葡人飛南第，相助至鏡湖醫院任職。

其二，孫中山在澳門行醫的情況。飛南第原為印刷世家，其後回澳門辦報，此即葡文版之Echo Macanense（澳門回聲報）及中文版之《鏡海叢報》，兩報文章，互有對譯，對孫中山在澳行醫及早期革命，多有報導。其中〈春滿鏡湖〉一文，記述其行醫情況，節錄如下：（附錄六）

（1）晨7時至9時，於草堆街中西醫局診症，收醫金2毫。

（2）10時至12時，在鏡湖醫院贈醫診症，「不收分文，以惠貧乏」。

（3）1時至3時，在仁愛堂右鄰寫字樓診症，收醫金1員。（圖四）

（4）3時後出門外診，本澳收醫金2元，各鄉市鎮，遠近隨酌。

（5）成年包訂，每歲送醫金50員；全家五口，每歲送醫金100員。

（6）禮拜日10時至12時，在寫字樓接種牛痘，每人收銀1員，上門3員。

---

[56] 羅家倫主編，《國父年譜》（增訂本）（台北：國民黨黨史會，1985），上冊，頁61；羅立德，〈國父與盧怡若〉，《台北新生報》剪報，藏台北黨史會，一般檔案081/103。

春滿鏡湖

大國手孫逸仙先生我華人而業西醫者也性情和厚學識精明向從英美名師游洞究秘奧現在鏡湖醫院贈醫數月甚著功効但每日除贈醫外尚有診症餘閒在

先生原不欲酌定醫金過為計較然而稱情而送義所應然今我同人為之釐訂規條著明刻候每日由十點鐘起至十二點鐘止在鏡湖醫院贈醫不受分文以惠貧乏復由一點鐘至三點鐘止在寫字樓候診以後出門就診其所訂醫金俱係減贈他如未訂各欵要必審視其人其症不事苛求務祈相和與有成俾盡利物濟人之初志而已下列條目于左

一凡到草堆街中西藥局診症者無論男女送醫金式毫試早七點鐘起至九點鐘止

一凡親自到仁慈堂右鄰寫字樓診症者送醫金壹員

一凡延往外診者本澳街道送醫金式員各鄉市鎮遠近隨酌的

一凡難產及乔服菲藥延往收治者按人之貧富酌議

一凡成年包訂每人歲送醫金五十員全家眷口不逾五人名送醫金百員

一凡遇禮拜日十點鐘至十二點鐘在寫字樓種牛痘特人收銀壹員上門種者有人收銀三員

一凡補崩口扇耳割眼膜癰疽瘰癧結等症屆時酌議

一凡奇難怪症延請包醫者見症再酌

一凡外間延請報明急症隨時速往決往無遲延

一凡延往別處診症每日送醫金三拾員從動身之日起計
　鄉愚弟　處焞之　陳席儒　吳節薇　宋子衡　何穗田　曹子基　仝啟

圖四　澳門孫醫館舊址（引用自盛永華、張磊：《辛亥革命與澳門》，頁50）

（7）凡補崩口、崩耳、割眼模、癰瘡、癭瘤、淋結等症……奇難怪病，延請包醫者，見症再酌。

（8）凡報明急症，隨時速往，決無遲延。[57]

可見孫氏行醫日常情況，而其診金乃視貧富遠近而訂，且有義診，重視急診。而孫氏之醫德，於此可見，難怪在澳門執業，大受歡迎。

其三，〈揭本生息贈藥單〉的考辨。孫中山在鏡湖醫院任職，為提倡西醫，遂於該院贈醫施藥，提供義診。繼而創設中西藥局，需款購買西藥，故向鏡湖醫院貸款立據，此即〈揭本生息贈藥單〉之由來。現時所見該借單乃立於光緒18年10月30日（1892年12月18日），內記借款2,000元，言明每百元每月行息1員，利息託孫氏代辦西藥贈送，而孫氏則自願在該院義診贈醫，並以5年為期清還，擔保人則為楊鶴齡之七妹夫吳節薇。[58]然稍後鏡湖醫院歷史館文物展，竟然出現第二張借據，日期為光緒19年3月7日（1893年4月22日），借款2,400元，條款如前，可知孫氏不祇一次向鏡湖貸款。亦由此引起學者譚世寶之關注，進而考證借款及借據，指孫中山早於1907年及1919年還清兩筆貸款，並收回借據，並根據筆跡進行考訂，指現存兩張借據為吳節薇及其後人炮製[59]，有助吾人瞭解孫中

---

[57] 〈春滿鏡湖〉，見於盛永華、張磊：《辛亥革命與澳門》（澳門地區和平統一促進會，2011），頁53；李敖，〈孫逸仙與中國西化醫學〉，頁97-109，對於孫中山在澳門行醫，為首見詳盡之作。

[58] 卡洛斯、高美士・貝薩，《澳門與共和體制在中國的建立》（澳門：澳門基金會，1999），頁17-18。

[59] 譚世寶，〈孫中山在清季向澳門鏡湖醫院借錢的兩張單據辨偽〉（澳門歷史文化研究會主辦「辛亥革命與澳門學術研討會」）（澳門理工學院，2011年9月18-19日）。

山在澳門行醫點滴。（附錄七、八）

其四，孫中山離澳原因。孫氏在澳行醫數月，聲譽鵲起，然最終不能繼續執業。據孫氏所說乃因葡國醫師嫉妒其營業日盛，以其無葡國文憑不能執業為藉口，排擠孫氏。然據《鏡海叢報》之〈照譯西論〉一文，可知尚有其它原因。該文乃批評鏡湖醫院人事、行政、經費不當，並建議中醫師需考試，始能醫病；撤換不公之司事；中西醫經費需各佔一半；病人入院應以症狀為準。此文乃反映孫氏到任後，對該院不滿的意見，故論者認為孫氏離澳，乃因此而受到該院之值事、司事、和中醫師之反對而致。[60]

綜觀孫氏在澳門行醫，只得數月而已，而行醫期間，亦表明在澳門難有革命的志同道合者，無從開展其革命工作。[61]

---

[60] 費成康，〈孫中山和鏡海叢報〉，《鏡海叢報》（影印本），（澳門基金會，2000），頁6。

[61] 馮自由，〈澳門華僑與革命運動〉《革命逸史》，4集，頁75。

附錄七　《揭本生息贈藥單》（引用自盛永華、張磊：《辛亥革命與澳門》，頁47）

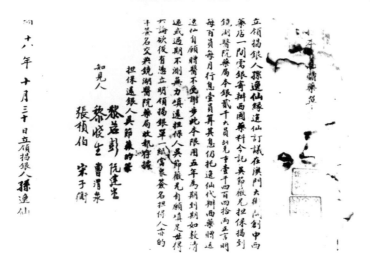

附錄八　1919年孫中山還款收據（引用自盛永華、張磊：《辛亥革命與澳門》，
　　　　頁48）

第三章 論四大寇：孫中山、尤列、陳少白、楊鶴齡

予轉入香港醫學院……得革命同志三人，曰尤，曰陳，曰楊，皆志同道合，暇則放言高論，四座為惊……人稱曰四大寇。

——孫中山：〈我的回憶〉

　　孫中山於1883年由檀香山回鄉，因在家鄉破壞北極殿神像，不容於鄉民，故南下香港就學，先後於拔萃書室及中央書院，完成中學教育。於1886年畢業後至廣州升學，入讀博濟醫院（Canton Hospital），研習醫科，得識廣州倫敦傳道會（London Missionary Society）傳道區鳳墀（1847-1914）。翌年，並在區氏建議下，重返香港，入讀由倫敦傳道會主辦的香港西醫書院（The College of Medicine for Chinese, Hong Kong），前後五年。於1892年以優異成績（high distinction）畢業，是為孫氏在港的大學時代，已見於前章。期間除研習醫科，認識師友，參與教會及社會活動，撰寫農業改良文章外。思想及視界由是日漸拓寬，漸具革新思想，並為日後倡導革命打下人脈基礎。其中孫氏與尤列、陳少白、楊鶴齡三人結成好友，時常聚談，對於中國時局，日漸不滿而形諸言行，四人均表仰慕洪秀全，以成王敗寇而自況為「四大寇」。此後孫氏又透過尤

列，得識輔仁文社社長楊衢雲（1861-1901），志趣相投。至1895年香港興中會總會得以成立，其成員即由此而起。四大寇為近代中國革命運動的「倡導者」或「先行者」，故每每見之於孫中山及辛亥革命史著述中之倡導時期，至於四大寇日後事蹟之記述，除孫中山外，尤、陳、楊三人所佔篇幅甚少。故本文即以「四大寇」英雄形象之製作及其投身革命作為論述對象，藉此瞭解孫中山及其早期革命夥伴，於近代中國革命運動史上所扮演的角色。

第一節　四大寇的形象──回憶與製作

英國史家Peter Burke以法王路易十四為例，論述歷史人物的「英雄形象」以至「造神運動」，乃透過石雕、銅像、油畫、紀念像、錢幣，文學、戲劇、歷史等眾多媒體之「製作」而得以型塑。[1]潘光哲繼而以孫中山為例，說「國父」形象製作及造神運動的歷程。[2]現首從此一研究角度入手，探析四大寇英雄形象，如何由回憶至製作的經歷。

四大寇一稱，孫中山於其回憶革命緣起，早已言之，始見於與宮崎寅藏之交談。謂其於香港西醫書院就讀時，認識尤列、陳少白及楊鶴齡三位革命同志，「予轉入香港醫學院，不出一二年，同學中得革命同志三人，曰尤、曰陳、曰楊，皆

---

[1]　參Peter Burke, *The Fabrication of Louis XIV* (New Haven: Yale University Press, 1992) 一書。

[2]　參潘光哲，《華盛頓在中國──製作國父》（台北：三民書局，2006），頁97-172。

志同道合，……放言高論……因相結為一小團體，人稱曰四大寇」。[3]稍後於〈有志竟成〉篇，再次提及「四人相依甚密，非談革命則無以為歡，數年如一日，故港澳間之戚友交游，皆呼予等為『四大寇』」。[4]聚談之地，則為楊鶴齡祖業，位於歌賦街8號的楊耀記商號。楊耀記無疑為孫中山等四大寇的「政談俱樂部」，以及革命的原生地。[5]

而陳少白稍後於1929年，縷述興中會的口述歷史，而成《興中會革命史要》一書，亦明確指出四大寇一稱之由來，乃四人「每遇休暇，輒聚楊室，暢談革命，慕洪秀全之為人……洪秀全未成而敗，清人目之為寇，……因笑自謂我儕四人其亦清廷之四大寇乎」。[6]故四大寇乃四人自況洪秀全之稱謂。

至於尤列，則於1936年謁祭孫中山之祭文中，謂其時四人「革命倡言，晨夕快悅，意氣相期，滿腔血熱，鼓吹遊揚，大義斯揭」。[7]又據追隨尤氏多年之冼江，於其所撰尤氏傳記中，曾謂其時四人結義反清，引起楊鶴齡兄長之諷言「你們四大寇攪乜鬼，時時躲在這閣仔裏說推翻滿清，試問你們幾條細佬，

---

3 孫中山，〈與宮崎寅藏談話〉（1897），《孫中山全集》，1卷，頁584。
4 孫中山，〈建國方略〉（1917），《孫中山全集》，6卷，頁229。
5 馮自由，〈興中會四大寇訂交始末〉，《革命逸史》，1集，頁13；《華僑革命開國史》，頁2；又參羅香林，《國父在香港的歷史遺蹟》，頁24-25。據羅香林於1946年至歌賦街考察，得悉楊耀記位於港島歌賦街8號，由「8號沿街東出，即為鴨巴甸街，沿街南上，行數分鐘，即可達荷李活道的西醫書院」。由此可知，就讀於香港西醫書院的孫中山、陳少白步行至楊耀記，十分近便，四人遂於此店高談闊論，言行反清。
6 陳少白，〈四大寇名稱之由來〉，《興中會革命史要》（1935）（台北：中央文物社，1956，重印），頁62。
7 馮自由，〈尤列事略補述一〉，《革命逸史》，1集，頁49。

有什麼力量啊！」[8]此為四大寇始起之「被貶形象」。及至1928年國民黨北伐成功，統一中國後，遂以執政黨的政治地位撰寫革命史，書寫該黨由清季孫中山及革命黨人締造及領導國民革命的成就，成為新政權的重要傳承。[9]即在此一政治背景影響下，四大寇遂成為革命倡導的「主角」，而四大寇的事蹟論述，亦由「回憶」進入「製作」階段。由鄒魯先於其黨史名著《中國國民黨黨史稿》（1929）之興中會一章，為正統學派著述首先採用孫中山所說，以四大寇為孫中山倡導革命運動中的最早同志。自此四大寇遂廣泛「流傳」於辛亥革命研究「正統學派」的革命史著述中。[10]

然文字以外，更重要者為照相片之出現。此乃孫中山於西醫書院同班同學、同宿舍的關景良（1869-1945），於1937年6月發現其與四大寇合照之一幀照片，照片背後且記下此乃1888年10月10日所照，此一關氏與四大寇同於香港西醫書院二樓之合照。據他說，該日下午，五人聚談，眾議拍照留念，遂於二樓外廊坐列，因背景為割症（手術）室，故後置一屏風，五人「自左至右，上列而坐者為先生，立者為鄙人，下列為楊、陳、尤三君」，並謂「拍照佈置，鄙人實任之」，從而為四大寇留下最具

---

[8] 冼江，〈尤列事略〉，〈中華民與四大寇〉，尤嘉博編，《尤列集》（香港，修訂版，2002），頁52、123-124。

[9] 辛亥革命史研究的正統學派，其撰著皆以孫中山及革命黨人領導及完成革命為其論述之主題，參Winston Hsieh, *Chinese Historiography on the Revolution of 1911 - A Critical Survey and A Selected Bibliography* (Stanford: Hoover Institution Press, 1985), pp. 4-8, 25-31, 64-72.

[10] 鄒魯，《中國國民黨黨史稿》（台北：商務印書館，1965），頁2。

價值的照片史料。[11]而四大寇之英爽容貌，由是公諸於世。然而此時的四大寇已是「革命英雄」，此一相片由此成為革命史中的「頭條」相片，不斷被翻印。而相片中的關景良於西醫書院畢業後，以行醫為其志業，而四大寇則相繼投身革命。[12]（圖一）

　　此後之四大寇，即在革命史著述中，自成一格。此即馮自由首起撰寫《革命逸史》，而有〈興中會四大寇訂交始末〉的記述，並附關景良所存之四大寇照片，堪稱圖文並茂。直指四大寇為四人之綽號，並謂四人每日在歌賦街楊家商店楊耀記，獨闢一樓聚談，「高談造反覆滿，……時人咸以四大寇稱之」。[13]四大寇一稱由是知聞，不脛而走。

---

[11] 四大寇照片之由來，見簡又文，〈國民革命文獻叢錄〉，《廣東文物》（上海書店，1990），頁432。簡氏訪問關景良，得悉該照片乃於1888年10月10日拍照留念。又參余齊昭，〈四大寇合影於1892年〉，《孫中山文史圖片考釋》（廣州：廣東省地圖出社，1999），頁3-5，余氏據馮自由所說，認為該相片乃攝於1892年畢業之時，理由乃陳少白於1890年始入學西醫書院，及關景良遲孫中山一年入學。余氏之論點不能成立。其一，據陳少白：《興中會革命史要》，頁4，陳氏於自述中指出其與孫氏相識時，孫已在西醫書院入學之第二年（1888），是年陳氏因事自廣州南下香港，經區鳳墀介紹，而得識孫中山，二人一見如故。並於同年幾星期後再至香港半工半讀，並謂到港後常至孫中山就讀西醫書院談天。其二，關景良與孫中山同年入學西醫書院，然遲一年畢業，參羅香林，《國父的大學時代》，頁35，由此可見四大寇於1888年已見相熟。

[12] 四大寇照片翻印時，由於關景良並未參加革命黨，故在辛亥革命史著述之圖片中，每每刪去關景良之影像，藉此為四大寇建立革命「先賢」的形象，見《國父革命史畫：中山永垂不朽》（台北：國父紀念館，1995），頁18；又關景良最終未見加入革命，乃因母命難違所致，參吳醒濂，〈關心焉醫生傳〉，《香港華人名人史略》（香港：五洲書局，1937），頁97。

[13] 馮自由，〈興中會四大寇訂交始末〉，《革命逸史》，1集，頁13-14；又馮書所刊之四大寇相片，記由尤列贈予孫科，而尤列乃得之於關景良。並參氏著《華僑革命開國史》（1945），頁2，「因親友商夥咸呼總理為洪秀全，又稱孫、陳、尤、楊四人為四大寇」。

圖一　四大寇——楊鶴齡、孫中山、陳少白、尤列（引用自孫中
山紀念館展覽圖錄，香港，2006，頁22）

　　此後孫中山之傳記多見四大寇之記述，包括羅香林、高
良佐、胡去非、許師慎等四人所撰。[14]至此，可見孫中山之倡
導革命，已非「孤獨的造夢者，或空想者」，[15]尤、陳、楊三
人無疑為其最早的志同道合者，而四大寇的形象，遂透過照片
及文字書寫而得以建立。

---

[14] 尚明軒，〈民國時期的孫中山研究〉，載於重刊高良佐，《孫中山先生傳》
　　（1945）（蘭州：甘肅人民出版社，2006）一書，頁4-6，尚明軒認為民國時期以
　　林百克（Paul M. A. Linebarger）、羅香林、高良佐、胡去非、許師慎五人的孫中
　　山傳記，最具價值。五書中除林百克一書未提四大寇外，餘皆明確論述之。高良
　　佐，見頁46；羅香林，《國父的大學時代》，頁59；胡去非，《總理事略》（長
　　沙，商務印書館，1940），頁12-13；又胡氏另有《孫中山先生傳》（1930）（台
　　北：商務印書館，1968，重印），亦早具四大寇之記述；許師慎，《國父革命緣
　　起詳註》（台北：正中書局，1947），頁4。此外稍後之孫中山傳記，如吳壽頤，
　　《國父的青年時代》（台北：中央文物供應社，1959），頁58-60，書中亦有四大
　　寇訂交一節。
[15] 簡又文，〈國父的青年時期〉（下），《新希望》，57期（1955），頁5。

上述孫中山、陳少白、尤列三位當事人的回憶，關景良所存照片，以及「正統學派」的史著，無疑為辛亥革命史起始的四大寇，揭起面紗。

　　此後中外學者所出版的孫中山與辛亥革命史，四大寇均見於相關撰著之字裏行間。[16]四大寇亦由此成為清季革命運動緣起的主要標記，其文字內容與相片由是廣傳。[17]及至2006年香港特區政府為了紀念孫中山逝世140週年，購入港島衛城道甘棠第此一歷史建築（原建於1915年），進行修建及「活化」工程，以此為孫中山紀念館，館內展覽孫中山生平事蹟，主要共分兩部份，其一為孫中山時代的香港，其二為其生平革命事蹟，四大寇遂成為展覽內容中的重要元素，故其展廳中，即有依照關景良所藏相片，複製楊鶴齡、孫中山、陳少白、尤列及關景良五人坐、立的塑像，以此復原當年之場景。[18]至2010年

---

[16] 重要的孫中山傳記及辛亥革命史著作，均具四大寇的記述。前者如吳相湘，《孫逸仙先生傳》（台北：遠東圖書公司，1984），上冊，頁61-63；傅啓學，《國父孫中山先生傳》（台北，1968），頁32-34；陳錫祺，《同盟會成立前的孫中山》（廣州：廣東人民出版社，1957），頁20-21；Harold Z. Schiffrin, *Sun Yat-sen and the Origins of the Chinese Revolution* (Berkeley: University of California Press, 1968), pp. 22-23. 就辛亥革命史而言，如章開沅、林增平，《辛亥革命史》（北京：人民出版社，1980），上冊，頁78-79；金冲及、胡繩，《辛亥革命史稿》（上海人民出版社，1980），第一卷，頁55。

[17] 四大寇且自成一撰著課題，如關國煊，〈細記「四大寇」〉，《傳記文學》，43卷5期（1983），頁10-14；陳成漢，〈四大寇——孫中山先生與其友人〉，《孫中山紀念館展覽導讀》（香港：孫中山紀念館，2008）；〈四大寇〉，章開沅主編，《辛亥革命辭典》（武漢出版社，1991），頁100；相片方面，如馮自由，《革命逸史》，1集，頁14；該相片乃由尤列贈送給孫科；《紀念孫中山先生》（北京：文物出版社，1981），圖12；吳倫霓霞等編，《孫中山在港澳與海外動史蹟》（中山大學孫中山研究所、香港中文大學聯合書院，986），頁24。

[18] 陳成漢，〈四大寇——孫中山先生與其友人〉，同上，頁22-24。

更興建中山紀念公園於港島西營盤海傍，內設四大寇庭院，並立四大寇像，藉以紀念四大寇。[19]而四大寇的製作過程，遂由文字，相片發展以至立體塑像，四大寇的製作「工程」至此而得以完成，而其具有「革命先行者」的形象，亦於焉確立。

第二節　生平與投身革命

　　四大寇於1880年代後期，先後移居香港，或升學，或就業，時香港為英國殖民地，推動自由貿易，由是中西文化得以交流。在英人管治下的香港，據孫中山的回憶，城市建設「秩序整齊，建築閎美，工作進步不斷」；且政府官員「潔己奉公」，情形均與國內有着顯著的差異。[20]孫、尤、陳、楊四人，於此一新的殖民地社會及生活空間，目睹香港本地的顯著進步，相對於國內的「落後」，其思想遂出現變化，隨着清廷對外的不斷失敗，其中尤以中法越南戰爭（1884-1885）及中日甲午戰爭（1894-1895）兩役對於四人影響尤大，如孫中山謂「予自乙酉中法戰敗之年，始決傾覆清廷」、「甲午中東之役後，政學各界，人人憤恚」；尤列謂：「時方中日戰爭，國人漸有國家思想……」；陳少白謂：「甲午之戰，割地索費，以為支那當頭之一棒。」。[21]四人遂逐步踏上革命的路

---

[19] 〈中山紀念公園——維基百科〉；四大寇像見〈香港海濱：中山紀念公園（尋找感動）〉，均見http://google.com.hk。

[20] 孫中山，〈在香港大學的演說〉（1923年2月19日），《孫中山全集》，7卷，頁115-116。

[21] 孫中山，〈在廣州嶺南學堂的演說〉（1912），〈有志竟成〉，《孫中山全集》，2卷，頁359-360；6卷，頁229-230；尤列，〈楊衢雲略史（中國革命興中會最初

途，最終成為革命倡導者，進而促成清末民國的政治與社會產生激烈變化，四人由是成為辛亥革命史上獲得景仰的地位。以下就四人的生平及參與革命的歷程作出論述。

（一）孫中山（1866-1925）

孫中山，名文，幼名帝象，號逸仙，以孫逸仙（Sun Yat-sen）一名聞世。廣東省香山縣翠亨村人。家世務農，幼讀私塾，因其兄孫眉（1854-1915）墾植謀生於夏威夷，於少年時得以移居此地而具華僑之背景。由是得識中英語文，遂能拓展視野。1883年回國，就學香港。入讀拔萃書室、中央書院（今皇仁書院），而於香港西醫書院習醫畢業。由是結識中外師友如康德黎（James Cantlie, 1857-1926）、何啟（1859-1914）、區鳳墀（1847-1914）、王煜初（1843-1903）等人，中西學問精進。時值滿清腐敗無能，遂思改良中國的專制惡政。1894年，於檀香山始創興中會，翌年至香港創設興中會總會，倡導革命，謀求推翻滿清。1905年前後，聯合留學生、華僑、會黨及國際人士，終於創立同盟會於東京，以香港、星加坡、河內為基地，策動粵、桂、滇三省邊區革命，前後十次。1911年，終於推翻清朝，結束帝制，創建中華民國。民國肇始，內有軍閥混戰，外有列強侵迫，交相為禍，國家分裂，國運頹唐。[22]中山先生起而再革命，於廣州三次建立革命政權，建黨組軍，聯俄

之實錄〉），尤嘉博編，《尤列集》，頁227，陳少白，〈東亞聯合要旨〉，陳占勤，《陳少白年譜》（廣州：嶺南美術出版社，1999），頁125。

[22] 孫中山自述生平，倡導革命及其經過，參〈自傳〉，〈有志竟成〉，〈中國之革命〉，見黃彥編註，《自傳及敘述革命經歷》（廣州：廣東人民出版社，2007），頁1-5、118-141、173-186；李金強，《一生難忘：孫中山在香港的求學及革命》，

容共。以武力從事反袁（世凱）、護法及北伐；[23]以文字勾勒建國藍圖，揉合中西學術思想，撰著《建國方略》（〈孫文學說〉、〈實業計劃〉、〈民權初步〉）、《建國大綱》、《三民主義》。主張對外反帝及民族自決；對內則推行五權憲法（行政、立法、司法、考試、監察）及直接民權（選舉權、罷免權、創制權、複決權）；並採用平均地權、節制資本及借用外資的社會、經濟政策。目的在於建立獨立自主而具民有、民治、民享的新中國。1924年應馮玉祥、段祺瑞之邀北上，共商國事。針對時局發表〈北上宣言〉，主張召開國民會議及廢除不平等條約，謀求國家統一。然終因國事憂勞，竟患肝癌，未能及身而見，於1925年3月12日逝世北京，齎志以歿。[24]然其自由、平等、博愛之遺教與建國之願景，終為國人所繼承而實踐之。此即二十一世紀中國之和平崛起之其來有自。[25]而中山先生一生之思想與功業，肇始於香港，結穴於祖國，而最終得為國人所推崇而有國父之尊稱。[26]

頁48-62、180-111、144-162；並參張玉法，〈孫中山在夏威夷〉，《辛亥革命史論》（台北：三民書局，1993），頁51-67。

[23] 陳錫祺，〈孫中山與廣東〉，《孫中山與辛亥革命論集》（廣州：中山大學出版社，1984），頁256-261。

[24] 羅家倫主編，《國父年譜》（台北：中國國民黨黨史委員會，1988），下冊，頁1260-1261、1300-1301。

[25] 顏清湟，〈孫中山與廿一世紀中國〉，林啓彥、李金強、鮑紹霖主編，《有志竟成——孫中山、辛亥革命與近代中國》（香港浸會大學人文中國學報、香港中國近代史學會，2005），上冊，頁12-24。

[26] 羅家倫主編，《國父年譜》，下冊，頁1305。1940年4月1日，國民政府通令全國，尊稱孫氏為中華民國國父。

（二）尤列（1865-1936）

尤列，原籍廣東順德，幼名季榑，字季令，學名其洞，別字少紈，號小園，又名吳興季子。出身富裕積學之家，曾祖父尤耀東（1765-1846），早年習絲織機藝；繼至省城，學習銀錢找換，並受僱於銀號，終以經營棉花行及批發而致富，回鄉置產，並以「克勤克儉」，「修橋整路」造福鄉梓，以此遺訓後人。其父光瑤，字雲紈，以庶出而繼承家業，並以治國學著稱。[27]可見尤列出身具有士商背景的大富積善之家。少時曾受教於同邑名儒陸南朗，陸氏講論宋、元、明、清異族入侵史事，激發尤氏的民族思念。早年隨家族遊歷江、浙城鎮，以至日、韓兩國，得見日本明治維新之新氣象。後抵上海，接觸洪門，得悉「反清復明」之宗旨，始悟其師陸南朗之教誨，遂「好與洪門會黨遊，久有興漢逐滿之志」。[28]1883年北上遊京，受業於番禺梁杭雪，繼返廣州，再受教於孔繼蕃、羅照滄二人，由是積學。[29]

時清廷對外失敗，80年代發生中俄伊犁交涉、中法越南戰爭，屢遭外人侵凌。尤氏目睹時艱，於1885年回粵，遂入學

---

[27] 尤耀東，〈十四世尤耀東公自述簡史〉，冼江：〈尤列事略〉，均見於尤嘉博編，《尤列集》，頁57-58、315-324。並謂尤耀東曾著《十三經注疏前文音釋》，其父則著《尚友草廬文集》、《尚友草廬詩集》、《四庫窺斑錄》、《四史詔令》等書。

[28] 馮自由，〈尤列事略補述一〉，〈興中會四大寇訂交始末〉，《革命逸史》，1集，頁13、44-46。

[29] 尤列，〈孔教革命〉，尤嘉博編，《尤列集》，頁220、222。尤列謂10歲受教於陸南朗，至18歲則隨梁杭雪、孔繼蕃及羅照滄三人讀書。梁、孔、羅三人乃廣東名儒番禺陳澧、南海鄒伯奇之門人，於此可見尤列學有淵源。

廣州算學館，適值孫中山就讀於博濟醫院，由其早年畢業於博濟醫院的族兄尤裕堂介紹而得以認識孫氏。1888年畢業後，任職廣州沙田局丈算總目、廣東輿圖局測繪生。尤氏常往來香港，得悉香港華民政務司招考書記，隨即投考而獲入選，遂留香港。因至歌賦街楊耀記，走訪算學館同學楊鶴齡，得重遇與楊有同鄉之誼的孫中山，相互聚談，而孫氏同學好友陳少白亦常加入，高言反清，故有「四大寇」之稱號，交誼遂深。[30]尤氏自謂：「此尤列者，實與其至友香山孫君逸仙，密謀民族革命經已數年」。[31]與此同時，尤氏與輔仁文社社員羅文玉相熟，遂加入輔仁文社，時羅文玉設婚筵於上環壽而康酒樓。該社社員雲集，尤氏得與社長楊衢雲結識，相談時務、改革之事至歡，並謂楊氏先祖棄官移民南洋，乃具叛清意識，促使楊氏之民族意識煥發。宴後楊氏又隨尤列至楊耀記，得見孫中山，孫、楊二人由是建交。1893年冬孫中山畢業後，行醫澳門，繼至廣州，尤氏謂由其出面借廣雅書局內南園之抗風軒，邀孫氏及諸友如陸皓東、鄭士良等聚會，謀設團體，指稱為興中會創設之始。[32]至1895年孫中山創立興中會總會於香港，遂與黃詠商、楊衢雲等加入該會，投身革命，參與乙未廣

---

[30] 馮自由，〈尤列事略〉，〈尤列事略補述一〉，《革命逸史》，1集，頁40、47-48。尤列於1892年任職港府華民政務司署（C. S. O.）之中文文書（Chinese writer），年薪為180元，見*Hong Kong Blue Book for the Year 1892*, p. 140.

[31] 尤列，〈楊衢雲略史（中國革命興中會最初之實錄）〉，尤嘉博編，《尤列集》，頁226。

[32] 尤列，〈楊衢雲略史（中國革命興中會最初之實錄）〉，尤嘉博編，《尤列集》，頁226-227，尤氏謂「孫中山提議本會名曰興中會，眾贊成之，即日成立，以驅除韃虜，恢復華夏為宗旨」。又冼江，〈尤列事略〉，頁62，謂尤列加入輔仁文社。馮自由，《中國革命運動二十六年組織史》（上海：商務印書館，1948），頁12。

州之役及庚子惠州之役，並先後於香港、橫濱、星加坡三地創設中和堂，聯絡三地勞工階層，鼓吹革命。[33]

然而尤列日後對於孫中山的革命領導地位未見完全誠服。尤氏於1895年乙未廣州之役流產後，一度逃至越南。並於1897年重返香港，在香港創立「中和堂」，自樹一幟。翌年於橫濱設中和堂分部，出版《國民報》，宣傳革命，孫、尤二人遂見分途發展。[34]中和堂一稱源出中庸「致中和，天地位焉，萬物育焉」，並以「青天八針白日」為黨徽，八針乃指八德，專聯工界人士。為興中會外的革命團體，據說尤列且一度被部份會員推舉為興中會總理。於1900年惠州之役後，又謂尤列在東京手定中華民國國號，刻有「中華民國萬歲」圓形象牙國璽一個。並向東京學界，僑界宣佈啟用，[35]繼而於1901年南下星加坡，居於華埠牛車水，以治性病著稱，而為當地工界及

---

[33] 尤列，〈對時局之宣言〉，尤嘉博編，《尤列集》，頁239-240，自述參與興中會及同盟會的活動；馮自由，〈中和堂小史〉，《革命逸史》，3集，頁130-132；冼江，〈尤列事略〉，尤嘉博編，《尤列集》，頁71-73；尤列在庚子惠州之役失敗後，於1901年南下星加坡，於華埠牛車水懸壺行醫，結識陳楚楠、張永福等人，為孫中山於星埠創設同盟會打下基石，參Yen Ching-hwang（顏清湟），*The Overseas Chinese and the 1911 Revolution: With Special Reference to Singapore and Malaya* (Kuala Lumpur: Oxford University Press, 1976), pp. 41-47.

[34] 尤嘉博編，《尤列集》，頁265-267。據孫仲瑛說，尤列告知於乙未廣州失敗後，「即與總理分道揚鑣，而革命宗旨則一」；及至南下星加坡，創中和堂，「與同盟會不啻為革命兄弟之集團」；又尤列，〈對時局之宣言〉，尤氏自謂興中會與中和堂，同盟會與中和堂皆屬「分而合，二而一者」。陳春生，〈訪問李紀堂先生筆錄〉，《辛亥革命史料選編》（長沙：湖南人民出版社，1981），上冊，頁42。李氏謂尤列利用中和堂反對孫中山，然中和堂於1912年後則不再對孫持異議。

[35] 冼江，〈尤列事略〉，頁70-71；又參簡又文，〈國民革命文獻叢錄〉，《廣東文物》，頁442，簡氏謂此圓印年期有誤，因中華民國之稱，肇始於1905年同盟會成立之後。

下層社會所重視。遂於星、馬各地組織中和堂分部，懸掛青天白日旗，鼓吹革命。此後革命風潮亦漸入南洋僑社，尤氏遂與當地組織小桃園俱樂部而具有革命思想的陳楚楠（1884-1971）、張永福（1872-1957）二人結交。陳、張二人繼而出資，創辦《圖南日報》，聘尤列為名譽顧問，此為南洋首見之革命報刊。1905年孫中山至星加坡推動革命，由於尤列關係，結識陳、張二人，並於晚晴園創立同盟會分會。推陳楚楠為會長，張永福為副會長。星馬各地中和堂會員亦相繼加入。[36]

此外尚須注意者為中和堂成員黃世仲（1872-1912），先後於《圖南日報》及香港《中國日報》任職，參與香港同盟會之活動，並撰寫大量以革命為題裁的小說，宣揚革命，如《黨人碑》一書，堪稱清季革命文學之旗手，由是馳名香江。[37]1907年至1908年，孫中山於粵、桂、滇三省策動之邊區革命，相繼失敗。其中雲南河口一役，敗逃之革命黨人，退入越南，繼而遣返至星加坡，皆由尤列出面安排善後。並且一度因黨人犯事而被牽連入獄。[38]

直至辛亥革命成功後，尤氏率中和堂成員回國，一方面運動廣東光復；另一方面則親至雲南，受蔡鍔招待，參與雲南光復之舉。隨即受袁世凱所邀北上，聘為總統府高等顧問。

---

[36] 馮自由，〈新加坡圖南日報〉，〈中和堂小史〉，《革命逸史》，1冊，頁243-244；3冊，頁132-137。

[37] 黃世仲之生平及著述，可參廖書蘭，《黃花崗外——黨人碑與孫中山首次起義》（香港：商務印書館，2009）一書。

[38] 馮自由，〈中和堂小史〉，頁135；又參尤列，〈亂書堆說〉，《尤列集》，頁234，述其獄中情景，乃「寒餒勞苦，固不待言，復數值夜雨，汪注淹沒，死而復蘇者，至再至三，筋緩骨痿，幾成廢物」。

時袁氏之目的，乃計劃利用尢列削弱孫中山之勢力，結果因袁稱帝，政見不合，尢列逃離北京，[39]由天津而至日本，居留於神戶達6年之久（1914-1920），撰書自娛，是為《四書章節便覽》一書。1921年始返港定居，結束其奔走革命之生涯。[40]

居港期間，目睹時艱，內有軍閥混戰，國共鬥爭，外則日本侵華。遂起而闡揚孔子遺教，謀求以倫理救國。於九龍旺角廣華街2號，創設「皇覺書院」，出任院長，每逢週日正午公開講學，闡揚孔教，由其門人筆記講章，編成《孔教革命》一書，繼而發起籌建孔聖堂於港島加路連山道，藉以立會興教，作為孔教團體集會、辦學之地，用是宏揚聖道，振興儒術。此外，尢列精於黃歧之術，早年於星加坡牛車水，以行醫吸納同志。今則於香港東華醫院出任醫師，至1931年參與創立中華國醫學會，出任幹事長，倡導中醫。由此可見，尢列青年時為四大寇，倡導革命，謀求政治救國。至其晚年則起而宏揚孔教，鼓吹中醫，以傳統文化濟世。尢列遂得於南天海角之香港一隅，獲得名聲。1931年尢氏81歲高壽之時，香港革命同志，如宋居仁、李紀堂、謝英伯等46人，遂發起為其祝壽，設宴於油麻地吳淞街大觀酒樓，出席者700餘人，盛極一時。至1936年，外侮日亟，應中央之邀，北上南京，共商國是，並

---

[39] 馮自由，〈中和堂小史〉，頁135-136，尢列入京與袁世凱交往，被黨人視為「讒孫降袁」嫌疑。隨員呂信之則為其辯誣，見〈尢列與袁世凱往還經過〉一文，刊於馮自由：〈尢列事略補述二〉，頁51-55。呂氏謂尢列與袁世凱相見，推崇孫中山「為中國偉人，殆世界之福星」，直指其為「現代人傑」。

[40] 尢列，〈四書章節便覽自敘〉，《尢列集》，頁236-238。自謂在日本生活「暇則讀書一室，疲極忘倦，賞櫻花之落韻，餐楓葉之鮮姿，年復一年，儼然第二故鄉，幾不復知有來時道路也者」，遂編撰此書。

於中央廣播電台，發表〈國難當中國民應有認識〉，力主國家團結，維護中華民國河山。繼而至中山陵，拜祭「老友」孫中山，朗誦祭文，憶昔四大寇倡導革命，奔走革命，以至人天相隔，而今國難當前，不禁聲淚俱下。此後尤氏身體日見違和，終於1936年11月12日孫中山忌辰之日病逝。翌年卜葬於南京麒麟門外小白龍山，享年72歲。[41]

（三）陳少白（1869-1934）

陳少白，廣東新會人，幼名聞韶，號夔石，少白一名，乃慕鄉賢大儒白沙而得。先世自閩遷粵，屬官宦之家。[42]至其父子橋「倡導新學新政，好議論國際事」，故鄉人稱之為「進教佬子橋」。皆因父子二人，先後歸信基督教。[43]少白早年居鄉習舉業，初受教於四叔夢南（1840-1882），及夢南逝世，先後從族兄心夔，翰周遊，同邑陳源泉學習經傳、時文、書法。[44]夢南為兩廣教會名人，早年以詩書積學聞名鄉里，因參加童子試，得聆福音，由是歸信，加入浸信會。得識該會著名傳教士紀好弼（Roswell H. Graves, 1833-1913），於其所創辦的義學書館任教，並助其譯書，著有《與女史論道》一書。其後創立華人宣道堂，自任傳道，倡導華人教會自立，務

[41] 冼江，〈尤列事略〉，〈孔教革命〉，〈為籌建香港孔聖堂講堂宣言〉，〈國難當中國民應有的認識〉，尤嘉博編，《尤列集》，頁86-100、177-223、248-251、256-258。

[42] 陳占勤，《陳少白年譜》，頁10-11；參陳國康，〈略記陳少白生平及故鄉軼事〉，頁245；乃將白沙之白沙倒念為沙白，因沙字不雅，減去三點旁，取名少白。

[43] 陳德芸，〈陳少白先生年譜〉，《陳少白先生哀思錄》（香港，1976），頁4、7。

[44] 陳德芸，〈陳少白先生年譜〉，頁5。

求除去洋教外衣，故被視為近代中國信徒鼓吹中國教會自立的第一人。[45]

　　時夢南自廣州攜西學譯本回鄉，少白得而讀之「始知世界大勢，發生國家觀念」，並謂「革命思想多得於季父，自是棄帖括，習有用之學」。[46]由此可見，西教士藉出版西書以宣教的間接方法，無疑為促使華人信徒產生革新思想的重要觸媒，陳少白即為明顯的個案。[47]1888年美國長老會哈巴牧師（Andrew P. Happer, 1818-1894）在華籌設教會大學，初擬建校上海，其父子橋與地方士紳聯函，建議哈巴於廣州辦學，結果創設格致書院（Christian College in China），是為嶺南大學之前身，少白即為第一位入學者，遂受洗入教。同年因事至香港，由區鳳墀親函推介，得識就讀香港西醫書院的孫中山，二人一見如故。少白隨即輟學，南下香港謀生；並因孫中山的引介，蒙香港西醫書院教務長康德黎接納入學。遂成同窗。[48]

---

[45] 〈陳夢南先生〉，《兩廣浸信會史略》（1934）（香港浸信教會，1997，重印），頁420-422；〈陳夢南先生傳略〉，徐松石編，《華人浸信會史錄》（香港：浸信會出版社，1972），5輯，頁45-48；張化，〈基督教早期三自的歷史考察〉，朱維錚主編：《基督教與近代文化》（上海人民出版社，1994），頁142。

[46] 鍾榮光，〈陳少白先生傳〉，《陳少白先生哀思錄》，頁2；並參陳德芸，〈陳少白先生年譜〉，頁5。

[47] 華人信徒因信教與傳教士從游而產生改革，以至革命思想，可參李金強，〈基督教改革者——黃乃裳與清季改革運動〉，《書生報國——中國近代變革思想之源起》（福州：福建教育出版社，2001），頁80-102；〈從祖國到南洋——清季美以美會黃乃裳革命思想之源起〉，《聖道東來——近代中國基督教史之研究》（台北：宇宙光，2006），頁119-147。

[48] 李瑞明編，《嶺南大學》（香港：嶺南大學籌募發展委員會，1997），頁5-14；鍾榮光，〈陳少白先生傳〉，頁2，鍾氏為嶺南大學校長，謂陳少白於1917年曾將其父建議設校於廣州之函件副本及相關記事，寄送嶺南大學。陳德芸，〈陳少白先生年譜〉，頁5，記少白1889年受洗入教，1890年至香港，以「廣州語教兩

此後，少白不但成為孫中山的摯友，且結義金蘭，時目睹清廷腐敗無能，列強侵凌，陳氏深感「君相委靡而少仁，官府貪殊而無恥……又復開門揖盜」，產生「國以民為本」之民主思想，[49]從而成為孫中山倡導革命的重要伙伴。1895年加入興中會，參與策動乙未廣州之役，失敗後流亡日本，在橫濱，協助興中會分會會長馮鏡如編印《英華字典》，藉此謀生。並聯絡日本同情中國革命的志士，透過孫中山檀香山友人菅原傳的介紹，結識曾根俊虎、宮崎寅藏等人。1897年孫中山於倫敦蒙難，死裏逃生後，東返日本，因陳少白而結識願意支持中國革命的犬養毅、宮崎寅藏等人。1897年東渡臺灣，創設興中會分會於台北。[50]1899年至香港，翌年創辦《中國日報》於中環史丹利街24號，鼓吹革命，為清季革命報刊之元祖。日後保皇黨創設《商報》於香港，主張保皇扶滿。少白則力主排滿革命，痛加駁斥，雙方發生筆戰。[51]於1900年並在港聯繫興中會，三合會及兩湖的哥老會，合組興漢會，推舉孫中山為該會會長，密謀革命。1900年惠州之役即由此而起。1905年，更被推為香港同盟會分會會長，參與粵、桂、滇邊省起義。又

英人」，1891年認識孫中山，並入學香港西醫書院，然所記年份不確，據陳少白口述，許師慎筆記，《興中會革命史要》，頁4-5，陳氏應於1888下半年到香港，1890年入學西醫書院。

[49] 陳少白，〈東亞聯合要旨〉，頁125。

[50] 陳少白，《興中會革命史要》，頁26-32；馮自由，《華僑革命開國史》，頁117-118。楊鶴齡族弟楊心如原為興中會會員，乙未廣州起義流產後，至台北任事，陳少白透過楊心如關係，認識僑商容祺年、吳文秀、趙滿潮等人，遂成立台灣興中會分會。又楊心如實乃楊鶴齡之姪兒，見後。

[51] 鍾榮光，《陳少白先生傳》，頁3。亓氷峯，《清末革命與君憲的論爭》（台北：中央研究院近代史研究所，1983），頁106-108。

創設劇團，分別為廣州華南歌劇團、優天影、振天聲等，公演粵劇，如〈熊飛起義〉，乃宋遺民東莞熊飛起兵抗元之榴花橋故事，藉以鼓吹革命。及至1911年辛亥革命成功，出任廣東革命政府的外交司，隨即退出政界，成立粵航公司，從法商購得哈德安及播寶二輪，專注粵、港航運業經營，結束其席不暇暖的革命生涯。[52]繼而獻身家鄉外海鄉的社會建設，包括開闢馬路、禁絕煙賭、建築市場，及推動捐建鄉校等。期間除於1921年，一度出任孫中山廣州總統府顧問外，未再出任其它公職。晚年更以唸詩寫字，作為排遣，至1934年去世。陳氏與史堅如之妹憬然訂有婚盟，憬然亦熱心革命，惜染病早逝，未成好事。[53]

（四）楊鶴齡（1868-1934）

楊鶴齡，字禮遐，為孫中山之同鄉。父顯光曾任知府，晚年辭官歸故里，從商於港澳兩地，並於香港歌賦街開設楊耀記商店。楊鶴齡「為人亢爽不羈，喜諧謔」，[54]與孫中山、陸

[52] 鍾榮光，〈陳少白先生傳〉，頁2-3；陳德芸，〈陳少白先生年譜〉，頁6-11；陳炎佳，〈陳少白先生傳略〉，許衍董編，《廣東文徵續編》（香港：廣東文徵編印委員會，1988），4冊，頁229-230；又參吳梓明，〈嶺南大學的第一位學生——陳少白〉，《基督宗教與中國大學教育》（北京：中國社會科學出版社，2003），頁135-146。

[53] 陳春生，〈革命稗史〉（一），藏台北黨史會，001/0/35。陳春生為《中國日報》記者，與陳少白友好，指出少白在西醫書院就讀時，曾結識水坑口名妓玉嬌，並與其同居，生數子女，玉嬌亦歸信基督，後與史憬然結識，一見如故，並論婚嫁，然為憬然之兄古愚反對；憬然鬱鬱回鄉，染病逝世，少白不勝悲痛，此後不再談男女之事。

[54] 張大華，〈關於楊鶴齡的一生事蹟〉，《紀念偉大的革命先行者——孫中山誕辰120週年1866-1986》（廣州：廣東人民政府參事室編，1986），頁60-61；陳少

皓東二人，自幼相識，童年時得聽太平天國革命故事，嚮往洪楊革命。早年受教於嶺南碩學簡竹居（1851-1933），[55]1886年孫中山至廣州博濟醫院習醫，得識尤列，翌年至香港西醫書院就讀，結交陳少白而成同窗，而尤列、楊鶴齡亦相繼寓港，四人遂能時相聚會於楊耀記，高談闊論，仰慕洪秀全，並提出「勿敬朝廷」，是為四大寇時期。[56]此外尚須一提，四大寇照片中的關景良，其弟關景星（1877-1955），亦肄業於香港西醫書院，娶妻楊舜華（1884-1951），乃楊鶴齡之妹，可見關楊二家，關係密切。關家為基督教世家，日後楊鶴齡亦見歸信基督教。[57]

及至孫中山畢業後，先後到澳門及廣州行醫，開設藥局，除獲粵、澳富商支持外，並得楊氏出手相助。澳門草堆街所開辦的中西藥局，乃透過楊氏推介，獲其七妹夫吳節薇擔保，向當地鏡湖醫院借得本銀2,000元，用作贈藥施診。由於醫術高明，孫氏譽滿濠江。然因遭當地醫師排擠及鏡湖醫院的司事、中醫所忌，[58]只得轉赴廣州開設東西藥局，楊氏毅然

白，〈楊鶴齡之略史〉，《興中會革命史要》，頁58。

[55] 簡又文，〈追懷簡竹居夫子百二十週年誕辰紀念〉，http://www.kansfamily.009. 簡竹居為廣東大儒，南海朱次琦之門生，與康有為同門。

[56] 陳春生，〈楊鶴齡〉，《革命人物誌》，11集，頁168；楊國鏗，〈回憶父親楊鶴齡〉，關肇碩、容應萸，《香港開埠與關家》（香港：廣角鏡出版社，1992），頁56。

[57] 關肇碩，〈香港西醫書院時代的國父與關、楊兩家族〉，《香港開埠與關家》，頁53-54。又楊鶴齡去世，其葬禮乃以基督教儀式進行，參陳春生，〈楊鶴齡〉，頁167。

[58] 羅家倫主編，《國父年譜》，上冊，頁61-62；費成康，〈孫中山和鏡海叢報〉，《鏡海叢報（影印本）》（澳門基金會及上海社會科學院出版社，2000），頁2、6；費氏指孫中山設「孫醫館」診所於仁慈堂右街，後向鏡湖醫院借款，則為開設中西藥局於草堆街，出售中藥、西藥，並謂孫氏於鏡湖醫院內設西醫局，為貧苦民眾贈醫施藥。

將其澳門龍崇街大樓轉讓吳節薇，資助孫氏開業。[59]當孫中山
行醫於澳門之際，其往來「同志」，唯獨同鄉「陸皓東、楊
鶴齡、楊心如等數人，往來石歧、香港、澳門，相與暢談時
政」。[60]至1895年成立興中會總會於香港，鶴齡及其姪心如二
人即加入成為會員，支持革命。[61]

乙未廣州之役，由於楊鶴齡之關係，其侄心如及外父程
耀臣參與是役。及至失敗，程耀臣被捕死於獄中，而楊心如則
隨孫中山、鄭士良逃至澳門，而再至台北。任職吳文秀父親
所開之良德洋行（辦茶）的司帳。其後陳少白至台北訪之，透
過楊心如，遂得吸納僑商吳文秀、容祺年、趙滿潮等人，組織
臺灣興中會分會。[62]隨着孫中山於粵、桂、滇三省策動邊區革
命，楊氏又將其所獲父親的遺產變賣，提供武裝起義，購買軍
火所需。[63]與此同時，楊氏一度參與《中國日報》的「革命宣
傳」工作，然據該報記者陳春生所說，楊氏能文，但「每因懶
於執筆，時使春生代庖」。[64]及至蟄居於以「煙賭為業」[65]的
澳門（水坑尾巷14號）（圖二），竟然染上芙蓉之癖，且患哮

---

[59] 陳春生，〈楊鶴齡〉，頁166。

[60] 馮自由，〈澳門華僑與革命運動〉，《革命逸史》，4集，頁75。

[61] 馮自由，〈興中會初期孫總理之友好及同志〉，《革命逸史》，3集，頁4、23。

[62] 參楊鶴齡致陳春生函，載於陳春生，〈楊鶴齡〉，頁170，得悉楊鶴齡、心如及
程耀臣於乙未之役關係，又程耀臣被捕而死，並參馮自由，〈興中會初期孫總理
之友好及同志〉，頁6-7；又馮自由，《華僑革命開國史》（台北：商務印書館，
1975），頁117-118，記楊心如為楊鶴齡族弟，於台北任職美時洋行買辦，與陳
少白所記均異，今以陳少白，《興中會革命史要》為準，見頁30-32；又陳氏至台
北，謂找到楊心如「握手相慰，這一番快樂是非同小可」。

[63] 莊政，《孫中山的大學時代》（台北：中央日報社，1995），頁136。

[64] 陳春生，〈楊鶴齡〉，頁168。

[65] 馮自由，〈澳門華僑與革命運動〉，頁74。

圖二　楊四寇堂——澳門水坑尾巷14號（引用自盛
永華、張磊：《辛亥革命與澳門》，頁41）

喘病，又老年喪偶，生活日見困難。楊氏曾致函孫中山，自述
「平素不善治生，上下無交，竟成廢棄，深為自惜」，遂向孫
氏求助。陳春生謂孫氏贈與金錢，助其續娶盧氏女。[66]

　　辛亥革命成功後，楊氏前赴南京，出任孫中山總統府秘
書，然為時甚短。此後由於生活困苦，於1919年及1920年再向
孫中山求助。至1921年孫氏於廣州第二次建立政權，出任中華
民國政府非常大總統時，敦聘楊氏為總統府顧問，月送公費
200元；1923年，於平定陳炯明叛亂，於廣州設大本營，第三
次建立政權，委派楊氏為港澳特務調查員，皆屬閒散之職。[67]
及至孫中山去世，楊氏蒿目時艱，毅然戒掉鴉片煙癮。晚年每
每為興中會時期，曾為革命出力及犧牲之同志，如黃詠商、
程耀臣、朱貴全、邱四、鄭士良、楊衢雲等上書，要求國府

---

[66] 楊函引文，見羅家倫主編，《國父年譜》，下冊，頁1034；並參陳春生，〈楊鶴
齡〉，頁166。另參陳少白，〈楊鶴齡之略史〉，《興中會革命史要》，頁58，則
謂：「楊暮年家日衰落，妻死無子，亦不再娶，困守澳門，僦屋以居」。

[67] 羅家倫主編，《國父年譜》，下冊，頁1055-1056、1062；莊政，《孫中山的大學
生涯》，頁137-138。

撫恤其遺族。又為孫中山之家族，如孫母楊氏；長兄孫眉、孫昌父子及其妻舅譚弼；妹夫林嘉智、林鏡父子，要求表揚及撫恤。藉以彰顯革命先烈開國之功。期間國事日非，日敵入侵，楊氏心懷悲痛，於1934年，鬱鬱以終，歸葬於故鄉翠亨村金檳榔山。時人唐紹儀曾為楊氏作輓詩，藉以悼念，謂「……革命稱四傑，足當萬夫雄，公尤豐於家，夙高任俠風，慨以滿籛金，來助軍儲供」，也許可作為楊鶴齡生平之最佳寫照。[68]

第三節　結論——三老樓之會

清季革命起源於香港，此乃孫中山在港接受教育，產生革命思想；同時，結識師友，日後多成為其早期的革命同志。繼而於1895年成立興中會總會於香港，同年策動首次起義——乙未廣州之役，有以致之。其中興中會早期重要成員除孫氏外，尚有尢列、陳少白、楊鶴齡三人。四人早於1888年至1892年間，時常聚談於歌賦街8號楊耀記，言行反清，因而被稱為四大寇，此後相繼投身革命。四大寇於孫中山傳記及革命史著述中，遂見篇幅。然四人生平及投身革命至死之歷程，少為學者所關注，本文即由此入手論述。

就上述孫、尢、陳、楊四人的生平及其投身革命經歷觀之，四大寇投身革命原因、活動及晚境，值得一一探析。

---

[68] 陳春生探訪，〈革命先進楊鶴齡先生事略及其關黨史之函件〉，藏台北黨史會，一般檔案230/1242；並參陳春生，〈楊鶴齡〉，頁167-171；並參莊政，《孫中山的大學生涯》，頁137-139；唐紹儀之悼念輓詩原文，刊於關肇碩、容應萸，《香港開埠與關家》，頁120。

其一、投身革命原因。四人均出生及曾生活於廣東，此乃太平天國洪秀全革命之所在，故自少熟悉洪、楊革命，遂具反清種族意識；四人中除尤列篤信儒家，其他三人皆為基督徒，並皆在新式學堂接受式教育，得識西方文化而產生革新思想；[69]四人亦先後於英國殖民地香港接受教育，任事及生活。對於英式殖民地城市香港的進步，與祖國的落後，此一強烈對比，遂產生改良祖國的意願，此點尤以孫中山表示最為明確；[70]而更重要則為清政府對外不斷戰敗，其中中法越南戰爭、中日甲午戰爭的相繼戰敗，遂使四人產生「國家」思想，以至起而從事推翻滿清的革命行動。[71]

其二、投身革命活動。就孫中山革命生涯觀之，自甲午戰爭後起而首創興中會、同盟會，密謀革命，先後領導十次武裝起義，[72]及至辛亥革命成功，一度出任臨時大總統。而尤列則於1895年自行創設中和堂於香港、橫濱、星加坡，分途發展。然其所說中和堂之與興中會、同盟會，乃屬二而為一，實乃與孫中山共同革命而已。其中同盟會成立後，孫中山即透過尤列之中和堂，得以開拓及組建星、馬地區的革命力量。[73]

---

[69] 李金強，〈基督教改革者──黃乃裳與清季革新運動〉，《書生報國──中國近代變革思想之源起》，頁80-81。

[70] 孫中山，〈在香港大學的演說〉，頁115-116。

[71] 甲午戰爭導致政治革命的發生；見李劍農，《中國近百年政治史》（台北：商務印書館，1971），上冊，頁170-174。

[72] 許師慎編著，《國父革命緣起詳註》，頁18-25、51-61、136-145、150-168。

[73] 尤列，〈對時局之宣言〉，尤嘉博編，《尤列集》，頁239-240，自述參與興中會及同盟會的活動；馮自由，〈中和堂小史〉，《革命逸史》，3集，頁130-132；冼江，〈尤列事略〉，尤嘉博編，《尤列集》，頁71-73；尤列在庚子惠州之役失敗後，於1901年南下星加坡，於華埠牛車水懸壺行醫，結識陳楚楠、張永福等人，為孫中山於星埠創設同盟會打下基石，參Yen Ching-hwang（顏清湟），

至於陳少白，則為孫中山之義結金蘭，最為得力之助手，故孫氏以吾弟稱之。協助孫中山策動起義，聯絡日本志士，建立臺灣興中會分會，出任香港同盟會分會會長，創辦《中國日報》，首起以言論宣揚革命。參加乙未廣州、庚子惠州諸役，直至辛亥革命廣州光復，出任軍政府外交部長。[74]由此可見，四人於青年時期成為同倡反清革命之「先行者」。投身革命，各有經歷，及至晚年孫氏由於反袁、反軍閥，先後在廣州建立三次政權，謀求以武力統一中國，其間並提出《建國方略》、《建國大綱》、《三民主義》，作為建國藍圖，影響自然深遠。尤列則晚年寓居香江，以宏揚孔教，鼓吹中醫，轉而以傳統文化濟世自處。至於陳少白，竟然功成身退，轉而營商，建設家鄉，終其晚年。楊鶴齡則加入興中會，奉獻金錢，任職《中國日報》，以此支持革命。然楊鶴齡晚年潦倒，求助於孫中山，並為早期革命同志及孫氏家人，爭取撫卹及表揚。至此，四人中尤氏變身文化人，陳氏為地方商人，而楊氏則一介平民，唯獨孫中山輾轉而成為國家領導。四大寇之革命人生堪稱同途而殊歸。1921年孫中山開府廣州，緬念四大寇昔日友情，遂於觀音山總統府側之文瀾閣，修建居室，名為「三老樓」，招聚尤、陳、楊三人，藉以聚舊，並作顧問。[75]然綜觀四人青年時起而以革命救國，可惜臨終時，由四人「催生」的共和國卻依然內憂外患頻生，未見富強之盛世。也

The Overseas Chinese and the 1911 Revolution: With Special Reference to Singapore and Malaya, pp. 41-47.

[74] 趙矢元主編，《孫中山和他的助手》（哈爾濱：黑龍江人民出社，1987），頁14-23。

[75] 陳少白，〈尤少紈之略史〉，《興中會革命史要》，頁59。

許只能如孫氏遺言所說「革命尚未成功」，四人只能齎志以歿，是為四大寇一生之最後註腳。

附錄：四大寇結交考述

本文為〈論四大寇〉完稿後之作，乃進一步之析論，務求四大寇之歷史圖像，更為明確，故附錄於此。

孫中山在港時期之醞釀革命。[76]值得注意者為結識師友，使其得以於日後建立革命力量的人脈，其中始與尢列、陳少白及楊鶴齡的結識，最為重要，此即時人所稱「四大寇」。其中四大寇的最早記述，乃源自1897年後，孫中山與日本友人宮崎寅藏（1870-1922）交談中，首先提及。[77]四大寇亦為1895年香港興中會總會成立時的創會成員，並相繼投身革命，促成清季革命運動的起興。而四大寇的名稱及事蹟，亦因而成為孫中山傳記及近代中國革命史眾多著述中的顯著記述，從而建立其為近代中國革命運動中的革命英雄形象。然而四大寇的結識，相關記載，頗有出入，故擬就此考述四大寇的結交，分別從何人、何時、何地及何故入手探析。

---

[76] 馬小進，〈香江之革命樓臺〉，《革命文獻》（台北：中國國民黨黨史委員會，1973），64輯，頁64-65。指香港為「中華民國實孕育於是間」，並謂「香江樓臺，不但有金銀氣，書卷氣，且有革命氣焉」。

[77] 孫中山，〈與宮崎寅藏的談話〉，《孫中山全集》，1卷，頁584。

（一）何人──與尤列、陳少白、楊鶴齡結交

馮自由在其〈興中會四大寇訂交始末〉一文中，提出「四大寇者，革命時代孫總理、陳少白、尤列、楊鶴齡四人之綽號也」。[78]孫中山自1887年由廣州博濟醫院轉學香港西醫書院，至10月3日開始上課，直至1892年7月23日畢業，在該校共渡過其一生中，最為歡樂的五年習醫生涯。期間除專心習醫外，遂與具有救國之志的同輩青年，結成好友。尤、陳、楊三人即為其時「起臥出入，均相與偕，情勝同胞」的好友。尤列為孫中山於廣州博濟醫院習醫，由其族人尤裕堂介紹而得識。至於陳少白，由於其父好友，廣州倫敦傳道會傳道區鳳墀的介紹，南下香港，得識孫中山，二人一見如故，並於1888年留寓香港。1890年在孫中山介紹下，入學香港西醫書院，與孫氏成為同學，且義結金蘭。至於楊鶴齡，與孫中山、陸皓東三人則為同鄉，自少相識。及至入學廣州算學館，與尤列為同學，稍後亦南下寓居香港，四人遂得以時常聚首於楊耀記。[79]孫氏「課餘恆偕白、列、鶴齡三人大談反清逐滿及太平天國遺事，放言無忌，聞者動容。」[80]

---

[78] 馮自由，〈興中會四大寇訂交始末〉，《革命逸史》，1集，頁13。

[79] 馮自由，〈興中會四大寇訂交始末〉，頁13-14；尤列生平見冼江，〈尤列事略〉，尤嘉博編，《尤列集》，頁57-62；陳少白生平，見鍾榮光，〈陳少白傳〉，《革命文獻》，64輯，頁314-315；楊鶴齡生平見張大華，〈關於楊鶴齡的一些事跡〉，《紀念偉大的革命先行者──孫中山誕辰120週年1866-1986》，頁60-62。

[80] 馮自由，《華僑革命開國史》（台北：商務印書局，1975），頁2。

（二）何時——1888年至1892年

　　孫、尤、陳、楊四人於楊耀記的聚談，除上述文獻記載外，其中值得注意者為孫中山於西醫書院之同班同學、同宿舍的關景良，於1937年6月發現其與四大寇合照之一幀相片。此乃關氏與四大寇同於香港西醫書院二樓之合照。據他說，此乃1888年10月10日，下午五人於香港西醫書院二樓，聚談後，眾議拍照留念。從而為四大寇留下唯一最具價值的照片史料。[81] 然日後馮自由卻記述此一照片，乃1892年10月15日孫中山畢業後數月所拍攝者，而羅家倫主編之《國父年譜》，亦主此說。[82] 遂有余齊昭考證該照片拍攝時間，據馮自由之說，力證該照片乃拍攝於1892年，理由乃陳少白於1890年始入學西醫書院。而關景良則較孫中山遲一年入學，二人乃不同年級，難以相熟，故該相片應不可能拍照於1888年。[83] 然馮、余之1892年說未能成立，其理據如下：

　　其一，陳少白自述，時於廣州格致書院讀書，南下香港與孫氏相見時，他早已在「雅黎氏醫校讀了兩年」，即1888年。是年某日陳氏因事需到香港，遂由區鳳墀介紹其至香港認識一位「同你見解很相合的」孫中山。陳氏到了香港，由道濟會

---

[81] 簡又文，〈國民革命文獻叢錄〉，《廣東文物》，頁432。

[82] 馮自由，〈興中會四大寇訂交始末〉，頁14；羅家倫等主編，《國父年譜》（台北：中國國民黨黨史委員會，1994，四版），頁57，註6。

[83] 余齊昭，〈四大寇合影於1892年〉，《孫中山文史圖片考釋》，頁3-15。又余文指該相片攝於1888年10月10日，乃據尤列送給孫科之四大寇相片。事實上，此一相片乃由關景良轉送尤列，尤氏於1936年北上南京，再轉送孫科，參簡又文，〈國民革命文獻叢錄〉，頁432。

堂王煜初牧師，引領其去見孫中山。見面後，兩人同遊植物公園，一見如故，談得很投機，然陳氏只停留一天，便返廣州。過了「幾個星期⋯⋯因家境日就艱困，預備到香港半工半讀」，到了香港後，遂與孫氏接觸，時相會面於醫院，天天談革命，總是高興，其後並在孫氏建議下，被推介與西醫書院康德黎面晤，並獲准入學西醫書院。[84]據西醫書院紀錄，陳氏乃於1890年正月入學。[85]此外，孫中山曾對宮崎寅藏說「我轉到香港醫學院之後，不出兩年，便在學校找到三個革命同志，尤列、陳少白和楊鶴齡」，可見孫、陳結識於1888年，而不可能在1890年或稍後。

其二、關景良與孫中山乃同年（1887）入學，並非余氏所謂較遲一年入學，然其畢業則較孫氏遲一年，即1893年。[86]從而使余氏有關、孫二人非同班同學之誤解。

由此可見，孫中山與關景良於1887年已為同學，而與陳少白則於1888年相識，其時早與孫氏相識的尤列及楊鶴齡二人，於廣州算學館結業後，尤氏則時至香港，至1892年則入職香港華民政務司任中文書記，[87]而楊氏則南下寓居於其父之楊耀

---

[84] 陳少白，《興中會革命史要》，頁4-5；吳相湘，《孫逸仙先生傳》（台北：遠東圖書公司，1982），上冊，頁62-62；吳氏一方面引用陳少白，《興中會革命史要》所述，指其於1889年到香港，但另一方面又引四大寇相片所記之1888年10月10日合照。吳氏之1889年到香港，乃據陳少白記孫中山在西醫書院讀了兩年，如此則陳氏何以能於1888年拍照，故據陳氏所述，宜以其1888年到港較為合理。

[85] 羅香林，〈國父之大學時代〉，頁34。

[86] 羅香林，〈國父之大學時代〉，頁33。關景良1893年畢業後曾任江陰沿江炮台醫務官，後回港行醫，成為香港名人，見吳醒廉，〈關心焉醫師〉，《香港華人名人史略》頁97。

[87] 見Hong Kong Blue Book for the Year 1892, p. 140, 記1892年6月29日尤列以其學名其洞（Ki-tong）而被聘任為Registrar General's Office之中文書記（Chinese Writer）。

記商號，故孫、尤、陳、楊時相聚會時期，應為1888至1892年間，而地點則在楊耀記。

（三）何地——歌賦街楊耀記商號（圖三）

據馮自由的記述，謂楊鶴齡有祖業商店，設在香港歌賦街，曰楊耀記，並謂孫氏頗以在校談論時政不便，楊氏遂於店內「特闢一樓為同志聚談之所……故該店可稱革命黨最初之政談俱樂部」。[88]稍後，馬小進談及楊耀記亦曾引尤列之言，謂其告知楊衢雲，至香港與孫中山同居於楊耀記，並謂楊耀記至今已不存，其門牌號數待考。[89]

至1946年，羅香林考查國父在港史蹟，親至歌賦街考察，始獲當地街坊告知，楊耀記乃坐落於歌賦街8號。時已「改設為永德生記印務店」，店為三層樓宇……其西，隔舖十餘間，即為善慶街，街西隔舖二間，即為昔年之中央書院」，並謂由歌賦街8號向東出，即為鴨巴甸街，沿街南向上行，即可到達荷李活道，向左轉兩街相交之處，即為西醫書院之所在地。[90]由此可見楊耀記與西醫書院二處鄰接甚近，此即同於西醫書院就讀之孫、陳二人，易於前往，而得與尤、楊二人，共相聚首，相互高談闊論，言行反清，而楊耀記即以四大寇之聚會所，而成近代中國革命運動之原生地。

---

[88] 馮自由，《華僑革命開國史》，頁2。

[89] 馬小進，〈香江之革命樓臺〉，頁65；尤列，〈楊衢雲略史〉，尤嘉博編，《尤列集》，頁226-227。

[90] 羅香林，《國父在香港之歷史遺蹟》（香港大學出版社，2002，重印），頁24-25。

圖三　楊耀記位置圖（引用自羅香林：《國
　　　父在香港之歷史遺蹟》，圖片，頁
　　　41）

（四）何故──革命思想之由來

　　孫中山曾說他與尤、陳、楊四人常在香港，彼此來往
「所談者莫不為革命之言論，所懷者莫不為革命之思想，所
研究者莫不為革命之問題……非談革命則無以為歡，數年如
一日」。[91]可見四人於其時同具革命思想，然則四人之革命思
想是如何誕生，值得探析。其中孫中山日後成為革命的倡導
者，先行者，尤受史家所關注。如Lyon Sharman曾指出孫中山
對革命思想的由來作出說明，包括面對基督徒，則說其革命思
想乃由教會學校及傳教士影響所致。在香港大學演說時，則謂

---

[91] 孫中山，〈建國方略〉，《孫中山全集》，6卷，頁229。

其革命思想乃見港府管治廉能與滿清無能，對照下而產生。當其面對國民，則強調由於外力入侵，滿清喪權辱國而生。[92]然綜觀四人生平可知，投身革命的原因，共有四點。

其一，受反清復明思想及太平天國洪楊革命的影響。孫中山又曾謂其革命思想，乃於童年時從太平天國老兵告知洪秀全當年革命戰況及其風貌，並勉其為洪秀全第二，從而對洪氏產生仰慕。[93]尤列早年受教於順德名儒陸南朗，得悉宋元、明清異族入侵史事，而生民族之思。後至上海，得見洪門開會，隨即繳費入闈，宣誓而成為洪門成員，遂悉洪門反清復明宗旨，與南朗所教，如出一轍。且至南京，觀太平天國遺跡。[94]陳少白則謂四人於楊耀記聚會時，均慕洪秀全為人，以成王敗寇而衡之於洪秀全，因「清人目之為寇，而四人之志猶洪秀全也」，四人笑而自稱為清廷之四大寇。[95]此外，楊鶴齡之子亦謂其父童年時與孫中山、陸皓東三人曾聽及洪楊革命故事，而對洪秀全產生仰慕。[96]

---

[92] Lyon Sharman, *Sun Yat-sen: His Life and Its Meaning* (Stanford: Stanford University Press, 1934), p. 28；其中香港與孫中山革命思起源之關係，尤受學者關注，吳倫霓霞，〈孫中山早期革命運動與香港〉，《孫中山研究論壇》，3集（1985），頁69-71；霍啓昌，〈認識港澳史與辛亥革命研究一些新方向芻議〉，《辛亥革命與20世紀的中國》，下冊，頁2330-2343；吳、霍二人均注意香港中央書院西方史地課程及考試題目，對孫氏革命思想產生的影響，又霍氏一文，更提出孫中山時期的香港，由於工商業發展和市政建設的現代化，對孫氏影響尤大。

[93] 宮崎滔天，〈孫逸仙傳〉，陳鵬仁譯著，《宮崎滔天論孫中山與黃興》（台北：正中書局，1977），頁6，並參陳錫祺，〈太平天國與辛亥革命〉，《孫中山與辛亥革命論集》，頁229-231。

[94] 馮自由，〈尤列事略補述一〉，《革命逸史》，1集，頁45-46。

[95] 陳少白，《興中會革命史要》，頁62。

[96] 楊國鏗，〈回憶父親楊鶴齡〉，關肇碩、容應萸，《香港開埠與關家》，頁56。

其二，基督教及西方文化入傳，從而瞭解歐美文化的優越性。孫中山由此指出，由於傳教士來華，輸入歐美文化，致使「風氣日開，民智日闢，遂以推倒惡劣異族之政府」。[97]而陳少白亦謂其四叔夢南，自廣州攜回傳教士的新譯西書，讀之而「始知世界大勢，發生國家觀念」，故其「革命思想多得於季父」。[98]由是獲得革新思想。尤、楊二人亦在廣州算學館就學，楊氏且為基督徒，[99]亦由是得悉西學。

其三，四人均曾在香港生活，發現香港進步，而祖國相對落後，形成強烈對比，遂產生改良專制惡政府的想法，其中最明顯例子，莫如前述1923年孫中山於香港大學陸佑堂的演說，他提出香港乃秩序整齊，建築閎美，工作進步；而政府官員廉潔奉公，然國內相反。進而主張利用英國良政治改變中國之惡政治，這也是孫氏革命思想源於香港的由來。[100]

其四，十九世紀下半葉外力入侵，其中以中法越南戰爭，中日甲午戰爭兩役最為重要。由於清廷相繼對外戰敗，簽訂不平等條約，對國人刺激尤大，特別甲午戰爭一役，最為痛心。孫中山嘗言：「予自乙酉中法戰敗之年，始決傾覆清廷，創建民國之志」，[101]並謂革命派之緣起，乃「中日一戰……嶄然漸露頭角」，而孫氏謂此乃要求和平改革無望，故「不得不出

---

[97] 孫中山，〈在法教堂歡迎會的演說〉，《孫中山全集》，2卷，頁568。

[98] 鍾榮光，〈陳少白先生傳〉，頁2。

[99] 楊鶴齡之妹舜華下嫁關景良之弟景星，關、楊二家關係密切，而關家為基督教世家，見關肇碩，〈香港西醫書院時代的國父與關、楊兩家〉，《香港開埠與關家》，頁53-54。又楊鶴齡去世，其葬禮乃以基督教儀式進行，參陳春生，〈楊鶴齡〉，《革命人物誌》，11集，頁166。

[100] 孫中山，〈在香港大學的演說〉，頁115-117。

[101] 孫中山，〈建國方略〉，《孫中山全集》，6卷，頁229。

於強力」，[102]而尤列則謂：「時方中日戰爭，國人漸有國家思想」。[103]至於陳少白亦受中日甲午戰爭之刺激：「……甲午之戰，割地索費，以為支那當頭之一棒」。[104]由此可見，孫氏等人，深受中日甲午一戰之刺激，遂起而組織興中會，同為興中會之創會成員。[105]

（五）結論

　　清季內憂外患，寓居香港的孫中山、尤列、陳少白及楊鶴齡四人，激於愛國義憤，起而倡導革命，而以四大寇著稱於時，從而建立四人的革命英雄形象。然四大寇之事蹟，雖屢見於孫中山傳記及辛亥革命史著述，其間四人之結識，尚有可探討者。本文即就此進行探查。

　　四大寇分別出生於廣東香山、新會、順德，而求學及生活於中西文化交流的省（廣州）、港（香港）、澳（澳門）地域。[106]四人中，孫、楊為同鄉，孫、陳及尤、楊分別為同學，而孫、陳、楊三人均為同信仰之基督徒。據本文之考訂，四人應於1888年至1892年，時常聚會於歌賦街8號楊鶴齡祖業楊耀記，言談反清，流露求變及反清的革命思想。而四人革命思

---

[102] 孫中山，〈倫敦蒙難記〉，《孫中山全集》，1卷，頁81。

[103] 尤列，〈楊衢雲略史（中國革命興中會最初之實錄）〉，《尤列集》，頁227。

[104] 陳少白，〈東亞聯合要旨〉，頁125。

[105] 馮自由，〈興中會初期孫總理之友好及同志〉，《革命逸史》，3集，頁4-5；香港興中會創設經過，參李金強：《一生難忘：孫中山在香港的求學與革命》，頁108-111。

[106] 李金強，〈從省港澳地域觀察孫中山的求學與革命〉，《紀念孫中山誕辰140周年國際學術研討會論文集》（北京：社會科學文獻出版社，2009），下集，頁1108-1111。

想之來源，乃由於共同仰慕反清之洪秀全；接受基督教信仰及新式教育而具西學新知；又眼見英治香港發展之進步，相對祖國之落後而產生仿傚之思念；而最終由於外力入侵，痛恨滿清喪權辱國，以中日甲午戰爭為最。四人遂在孫中山倡導下起而組織革命團體，此即1895年香港興中會總會之成立，從而促使十九世紀下半葉之中國走進革命「新世代」。其間四人於1888年10月10日，與孫、陳之西醫書院同學關景良合拍一幀照片，不但為四大寇留下青年之英姿，同時亦為近代中國革命史之倡導者或先行者，留下寶貴的身影。

中山先生與港澳

第四章　香港輔仁文社（1892）

> 以開通民智，討論時事為宗旨，是為港僑設立新學團體
> 之先河。
>
> ——馮自由：《華僑革命開國史》

　　鴉片戰爭（1839-1842）後，清廷割讓香港及開五口通商，此後沿海沿江通商口岸陸續開放，予以西方通商、傳教，西方文化由是進入我國沿海沿江地帶。自十九世紀下半葉以降，上述香港及通商口岸社會，由於華洋雜處，其社會生活無論是語言，物質或精神方面，均起了重大變化，出現了「中西合璧」的文化，香港即為其中之範例。[1]其中由基督教傳教士所開設的新教育事業，促成西方語文、史地、格致之學入傳，從而促成「雙語精英」的新知識份子階層之出現，尤以香港一地最為明顯，並成為近代西學的搖籃。[2]

　　香港雙語精英，至十九世紀下半葉，目睹清廷對外不斷失敗，國勢一落千丈，遂憑其西學新知，起而倡導改革，謀求國家之富強，以楊衢雲（1861-1901）及謝纘泰（1872-1938）

---

[1] 蘇福祥，〈「中西合璧」的香港文化〉，梁晉偉主編，《香港百年史》（香港：南中編譯出版社，1948），頁168-169。指香港華人竭力模仿英國人。

[2] 李金強，〈西學搖籃——清季香港雙語精英的誕生〉，黃愛平、黃興濤主編，《西學與清代文化》，頁692-703。

為首，於1892年組織輔仁文社，由於參加者皆為新式英文學校出身，又倡導西學，故被時人譏為「洋化」。[3]本文即擬就該社的創立，成員及活動進行探析，藉此說明香港華人與近代中國革命運動的關係。

第一節　背景

香港自1841年為英國所佔領。時英人以港島北岸作為其首先開發之地，興建維多利亞城（The City of Victoria），範圍包括西起上環，東至醫院山（今灣仔律敦治醫院所在），包括今上環、中環及下環（灣仔）三區。先開闢中環及金鐘半山為政府山，自政府山到海岸一帶，為外商所建的商貿地帶，修建橫貫東西之皇后大道，並於政府山興建聖約翰座堂（1849）、輔政司署（1850）、總督府（1855）、及英軍兵房，成為其統治香港的軍、政權力中心。而皇后大道以南則發展而成華洋聚居之地，亦為香港開埠後，中西文化交流的起源地，已於首章論及。[4]

其時，華人相繼由國內華南地區移殖港島，為殖民地政府開發香港的主要人力資源。然殖民地政府推行華洋分隔政策。其初，華人被安排居住於上市場（Upper Bazaar）及下市場（Lower Bazaar）兩區。前者為鴨巴甸街以西，荷里活道以北，九如坊與歌賦街一帶。後者則為今蘇杭街及文咸街一段。隨著香港開埠後轉口貿易的增長，中環地段日見珍貴。港

---

[3] 馮自由，《華僑革命開國史》，頁3。
[4] 鄭寶鴻，《港島街道百年》（香港：三聯書店，2000），頁10-14。

府遂變更土地政策，於1844年將上市場收回拍賣，闢作歐人商貿區。並以水坑口以東、城隍街以西、及皇后大道以南的太平山街一帶，開闢為華人的新居住地區。至此，下市場及太平山街，遂成為開埠後華人聚居之地，此即今日上環地界之所在，是為香港「唐人街」華人社會之誕生。[5]（圖一）

下市場蘇杭街於1851年發生火災，災後進行填海而成文咸海旁（Banham Strand），即為日後華人商業中心——南北行之起源地。自兩次鴉片戰爭（1839-42, 1858-60）後，華商於此經營出入口批發貿易，從而成為香港之商業中心。至1871年粵、閩、潮商幫創建南北行公所，為華商聯合組成之商業行會。而聚居於太平山街的華人，則於1847年後始建文武廟於荷李活道，拜祭文昌帝及關帝，成立管理委員會，由南北行及出入口商人組成，主管本地華人事務；1872年創設東華醫院於普仁街，以中醫治病，贈醫施藥，推及於社會福利。相繼成為香港華人社會的領導社團，並分別興辦義學，推廣中文教育，而傳統中國文化亦由是展示。[6]與此同時，基督教最早來華宣教的倫敦傳道會（London Missionary Society），亦於開埠後由馬六

---

[5] 華洋隔離，參丁新豹，〈歷史的轉折：殖民體系的建立和演進〉，王賡武主編，《香港史新編》（香港：三聯書局，1997），上冊，頁105-106。丁新豹、黃廼錕，《四環九約》（香港歷史博物館，1994），頁6-7、12、46；何佩然，《地換山移：香港海港及工地發展一百六十年》（香港：商務印書館，2004），頁44-47；Dafydd Emrys Evans, "China Town in Hong Kong: The Beginnings of Taipingshan," *The Journal of the Hong Kong Branch of the Royal Asiatic Society*, vol. 10 (1971), pp. 69-78.

[6] 何佩然，《地換山移：香港海港及工地發展一百六十年》，頁47-50；冼玉儀，〈社會組織與社會轉變〉，王賡武主編，《香港史新編》，上冊，頁159-171；王齊樂，《香港中文教育發展史》（香港：波文書局，1982），頁188-190，興辦文武廟義學，及東華醫院6間免費義學。

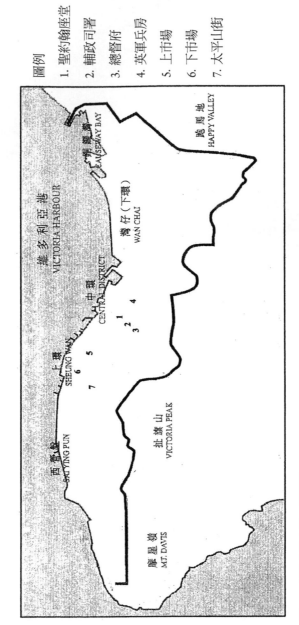

中山先生與港澳

圖一　上環「唐人街」示意圖

圖例
1. 聖約翰座堂
2. 輔政司署
3. 總督府
4. 英軍兵房
5. 上市場
6. 下市場
7. 太平山街

維多利亞港
VICTORIA HARBOUR

銅鑼灣
CAUSEWAY BAY

灣仔（下環）
WAN CHAI

中環
CENTRAL DISTRICT

跑馬地
HAPPY VALLEY

上環
SHEUNG WAN

扯旗山
VICTORIA PEAK

西營盤
SAI YING PUN

摩星嶺
MT. DAVIS

甲之傳教基地，轉來香港，於鄰接太平山街的士丹頓街及伊利近街交界，興建差會大樓，從事傳道、教育、醫療、出版等事工。開設西人教會——愉寧堂（Union Chunch）於伊利近街，華人教會——道濟會堂於荷李活道，鄰接該會所辦的雅麗氏紀念醫院（Alice Memorial Hospital），於院內創辦香港首間專上學院——香港西醫書院（College of Medicine for Chinese, Hong Kong），培訓華人西醫，是為香港大學醫學院之前身。又開辦英華書院培訓華人傳道。此外，倫敦傳道會傳教士理雅各（James Legge, 1815-1897）於1861年倡議港府開辦首間官立英文中學——中央書院（The Government Central College，今皇仁書院）於歌賦街。以中英雙語，及西方史地格致之學培訓華人子弟，此即孫中山先後接受中學及醫學教育之學府。上環華人社區，由是成為中西文化交流之所在，漸文化的孕育，亦為近代香港文化之啟蒙。[7]

此外，其他英美傳教士，亦先後於港島開設教會學校，包括由澳門遷校至香港的馬禮遜紀念學校（灣仔摩利臣山，1842），聖保羅書院（鐵岡下亞里畢道，1851），聖約瑟書院（堅道，1876），招收華人子弟，亦授以英語及西方史地格致之學，是為本港英文中學的誕生，從而培訓出一批中英雙語

---

[7] 劉紹麟，《中華基督教會合一堂史：從1843年建基至現代》（香港：中華基督教會合一堂，2003），頁30-42，50-58；李金強，〈香港中央書院與清季革新運動〉，李國祁編：《郭廷以先生百歲冥誕紀念史學論文集》（台北：商務印書館，2005），頁249-259；香港西醫書院，參D.M. Evans, *Constancy of Purpose: An Account of the Foundation and History of the Hong Kong College of Medicine and the Faculty of Medicine of the University of Hong Kong 1887-1987* (Hong Kong: Hong Kong University Press, 1987), pp. 1-38.

精英。包括60年代出身於馬禮遜紀念學校，繼而留美的容閎（1828-1912）、黃勝（1827-1902）、黃寬（1827-1878）；70年代出身於聖保羅書院的陳靄廷（？-1902）、伍廷芳（1842-1922）；80年代出身於中央書院的何啟（1859-1914）、胡禮垣（1847-1916）；90年代同樣出身於中央書院的孫中山（1866-1925）、謝纘泰（1872-1938）、聖保羅書院的楊衢雲（1861-1901）等人。即在此一歷史背景下，上述生活於中、上環之華人雙語精英，目睹清季祖國在外力入侵下，國勢一落千丈，始悉西方文化之強，遂起而倡導西學，望借西方文化之長，改革失敗落後之舊中國。而輔仁文社即在此一背景下誕生。[8]

第二節　創立

十九世紀下半葉的香港，出現了上述一批的中英雙語精英，目睹清廷腐敗無能，對外失敗，「漸知滿清政府之不足恃，及研究新學之必要」[9]相繼起而要求清廷改革，在此一政治覺醒下，其中尤以中央書院為首的香港青年雙語精英，流露出關心國事的言行，最為突出。其時上環之香港華人社會逐漸形成一種改革的氛圍，事實上，早於1870年代先有王韜創刊《循環日報》及出版《弢園文錄外編》，倡言變法自強，繼有中央書院早期畢業生何啟、胡禮垣首開風氣，以中英文字，透

---

[8] 李金強，〈西學搖籃——清季香港雙語精英的誕生〉，頁698-702；並參Carl T. Smith, "The English-educated Chinese Elite in Nineteenth-century Hong Kong," in *Chinese Christians, Elites, Middlemen, and the Church in Hong Kong* (Hong Kong: Oxford University Press, 1985), pp. 139-171.

[9] 馮自由，《華僑革命開國史》，頁3。

過香港報刊，倡導新政，並將政論文章，結集而成《新政真詮》一書，受到國內康梁維新派人士的注意。[10]而中央書院之謝纘泰，聯同同學陳芬、周昭岳、黃國瑜、羅文玉，及聖保羅書院之楊衢雲，聖約瑟書院之劉燕賓，時相聚會，討論時局。地點分別為：劉燕賓任職的炳記船務行、楊衢雲任職的招商局、胡幹之任職的江記船務行及謝纘泰的住宅永勝街11號。[11]

　　至1892年3月13日，上述七人義結金蘭，共訂盟誓於中、英文鉛字印刷的《蘭譜》中。遂成立「輔仁文社」於港島百子里1號2樓。以楊衢雲年紀居長，共推其為社長。《蘭譜》內具拉丁文「盡心愛國」（Ducit Amor Patriae）作為座右銘，並具英文〈社綱〉，共計六條，(1) to purify the character to the highest possible degree; (2) to prohibit indulgence in the vices of this world; (3) to set an example for future young Chinese; (4) to improve in all possible ways Chinese and foreign knowledge from both a civil and a military point of view; (5) to obtain a good knowledge of Western science, and learning; (6) to learn how to be and act as a patriot, and how to wipe out the unjust wrongs our country has suffered. 現將其譯述如下。

　　（1）培養至善純潔之人格

　　（2）避免沉溺於當世之惡習

[10] Tse Tsan Tai, *The Chinese Republic: Secret History of the Revolution* (Hong Kong: The South China Morning Post, 1924), p. 15. 指康有為及其弟子熱切地閱讀胡禮垣及何啟的著作；又王栻主編，《嚴復集》（北京：中華書局，1983），3冊，頁594。嚴復謂其讀《新政真詮》「洒然異之」。馮自由，《中華民國開國前革命史》（台北：世界書局，1971，重刊），（一），頁44，指康梁之實學，不如胡禮垣之著述。

[11] Tse Tsan Tai, *The Chinese Republic*, pp. 7-8.

（3）作為未來中國青年之表率

（4）通過可能途徑增進中外、文武學識

（5）增進西學新知

（6）以愛國者自勵自勉，消除吾國所受之乖誤

此外，尚有〈輔仁文社序〉，說明本「扶危濟困」、「勸善規過」、「切磋琢磨」之友道，以此組織團體。[12]由此可見該社成立之初，已具英文之〈社綱〉，藉以說明其成立之宗旨，而華人組織團體，竟以英文撰寫社綱，前此所無，於此亦可見其「洋化」的轉變。

新成立之輔仁文社，社員增至17人，其時姓名可考者，據馮自由早年著述，計共9人，然不止此數。[13]社內購置新學書報，以「開通民智討論時事為宗旨」，為「港僑設立新學團體之先河」[14]亦為近代中國史上首先成立倡導改革的學會。[15]其時輔仁文社，雖以倡導西學，講談時事，宗尚改革為其活動

---

[12] 楊拔凡，〈楊衢雲家傳〉（1955年冬），謂於謝纘泰家中，得見此中英文《蘭譜》，內有座右銘及社綱。輔仁文社序及社綱，Hsueh, Chun-tu（薛君度）從謝纘泰兒子處得到，首見於其撰文 "Sun Yat-sen, Yang Chu-yun, and the Early Revolutionary Movement in China," in *Revolutionary Leaders of Modern China* (New York: Oxford University Press, 1971), p. 103, note 3; 後影印轉送賀躍夫，見賀躍夫，〈輔仁文社與興中會關係辨析〉，《孫中山與辛亥革命史研究——慶賀陳錫祺先生九十華誕論文集》（廣州：中山大學出版社，2001），頁24，「茲我同志七人，以為此社名曰輔仁文社，但願同心同德，有始有終」；Tse Tsan Tai, op. cit., p. 8.

[13] 馮自由，《中華民國開國前革命史》（一），頁6，記9人；又王興瑞，〈清季輔仁文社與革命運動的關係〉，《史學雜誌》，創刊號（1945），頁35-36。王氏一文，為輔仁文社之最早研究，亦記9人。

[14] 馮自由，《華僑革命開國史》，頁3。

[15] 王爾敏，〈清季學會彙表〉，《晚清政治思想史論》（台北：學生書局，1969），頁134-165。王氏指出甲午戰後，康有為創設強學會（1895），為其時最先出現的學會，然輔仁文社卻早於1892年成立。

方針，未具革命的激進性質，然由於朋黨結集聚會，已引起
「香港警吏之窺伺」。[16]

第三節　成員

　　關於輔仁文社的成員，謝纘泰曾指於該社成立前，他共
有16位好友，其中獲得其信賴者則為楊衢雲、陳芬、周昭岳、
黃國瑜、羅文玉、劉燕賓6人（圖二）。而據〈輔仁文社序〉
所記，創會時「同志七人」，可知謝氏與所信賴者6人為創會
會員。[17]其次，據馮自由所述，則指出其成員為16人，除上述
7人外，尚有溫宗堯、胡幹之、何汝明、溫德4人，而溫宗堯與
溫德同屬一人。[18]又謝纘泰尚提及陸敬科與其Iu Kui會之友人居
於百子里3樓。陸敬科亦應為該社成員。[19]而鄒魯則列黃詠商
為輔仁文社社員，[20]此外與文社尚有關係者為尤列及陳鏸勳二

---

[16] 馮自由，《華僑革命開國史》，頁3。

[17] Tse Tsan Tai, *The Chinese Republic*, op. cit., p. 7; 又參賀躍夫，〈輔仁文社與興中
會關係辨析〉，頁22-24。

[18] 馮自由，《中華民國開國前革命史》，1冊，頁6，多記溫宗堯、胡幹之，合共9
人；又參〈興中會會長楊衢雲補述〉，《革命逸史》，5集，頁8，多記何汝明、
溫德，此篇補述，乃參考尤列，〈楊衢雲略史〉，尤嘉博編，《尤列集》一文，頁
226。然吳萱人，〈非常連載的啟迪——吳灝陵痛寫楊衢雲〉，《旅行家》，18冊
（2008），謂何汝明乃何星濤，而溫德即溫宗堯，同屬一人。

[19] Tse Tsan Tai, *The Chinese Republic*, op. cit., p. 8; 參馬小進，〈香江之革命樓臺〉，
《越風半月刊》，12期（1936），頁1，則列胡幹之、溫宗堯、陸敬科3人，故陸氏
應為社員。

[20] 袁鴻林，〈興中會時期孫楊兩派關係〉，《紀念辛亥革命七十周年青年學術研討
會論文集》（北京：中華書局，1983），頁2，註引鄒魯，《中國國民黨史》一
書，佐證黃氏為社員。參鄒魯，《中國國民黨史》（上海：商務印書館，1947），

圖二　輔仁文社社員合照（引用自李金強：《一生難
忘：孫中山在香港的求學與革命》，頁90）

人。[21]故輔仁文社17名社員中，已知加入及具關係而可稽者，
計共14人。其中最值得注意者，以楊衢雲、謝纘泰兩人最為重
要，蓋因楊氏曾任社長，而謝氏則為「輔仁文社之成，端賴其
力」。[22]首述二人生平。（參附表）

　頁14，謂孫中山創立興中會，「輔仁文社份子楊衢雲，謝纘泰，黃詠商亦聞風加
　　入」。

[21] 尤列，〈楊衢雲略史〉，頁226；謂尤列與羅文玉相識，被「介紹之於文社，屢
　　至談學，因得與諸君游」；又參陳鏸勳、莫世祥校注，〈前言〉，《香港雜記》
　　（1895）（廣州暨南大學出版社，1996），頁3。莫氏認為陳氏加入輔仁文社；又
　　參吳萱人，〈逾百年名著「香港雜記」種種〉，《今識楊衢雲：吳萱人文集》（香
　　港，2011，自印），指陳鏸勳即陳芬，現未提出確據，故存疑。

[22] 馮自由，《中華民國開前革命史》，1冊，頁6。

姓名	籍貫	肄業	職業及活動
楊衢雲（社長）*	福建海澄	聖保羅書院	聖約瑟書院教員，招商局書記，沙宣洋行副理，香港興中會
謝纘泰 *	廣東開平	中央書院	香港工務局書記，香港興中會
陳芬 *	－	同上	政府翻譯
周昭（超）岳 *	廣東南海	同上	商人，香港興中會
黃國瑜 *	同上	同上	香港政府翻譯
羅文玉 *	廣東順德	同上	聖約瑟書院教員
溫宗堯	廣東新寧	同上	中央書院教員，自立軍起義
陸敬科	廣東肇慶	同上	中央書院教員
劉燕賓 *	－	聖若瑟書院	炳記船務書記長
胡幹之（芝）	廣東番禺	聖保羅書院	沙宣洋行買辦
何汝明	廣東香山	同上	聖保羅書院教員
黃詠商	同上	－	興中會首任會長
尤列	廣東順德	廣州算學館	華民政務司書記
陳鏜勳	廣東南海	－	出版《香港雜記》

* 創會會員
－ 未詳

　　楊衢雲，原籍福建海澄人，幼名合吉，字肇春，衢雲一名為其義兄瑞雲所起。[23]祖父福康出身廩生，曾任官，後移民英屬馬來亞之檳城（Penang）。其父清水出生於此，後回鄉再至香

---

[23] 鰲洋客（吳灝陵），〈楊衢雲（廿六）〉，《香港掌故》（香港大學孔安道紀念圖書館編製，1984年）。謂楊瑞雲乃衢雲父親之商行同事，與衢雲投契，結成忘年交。

港，任港府輔政司通事，並於各書院任教，娶東莞鄭氏為妻，生衢雲。早年隨父讀書，14歲至香港海軍船塢，學習機械，不慎傷右手斷三指。又獲英人總技師白禮仁之助，夜習英文，且肄業於聖保羅書院，並具基督教信仰，由是得識西學。先後任職聖約瑟書院、招商局書記及沙宣洋行（David Sassoon Sons & Co.）副經理。馮自由謂其「為人仁厚和靄，任俠好義，尤富於國家思想」。並謂其精於拳擊，每見國人受到洋人欺凌，時常抱打不平。[24]稍後與謝纘泰、陳芬、陸敬科、黃國瑜、溫宗堯、羅文玉等中央書院學生交往，共同創立輔仁文社，以年長而被推為社長。時尤列與羅文玉相熟，於羅文玉婚筵中認識楊氏，相互交談，尤列認為其先祖棄官出洋，乃「不滿清奴」，因而覺醒先祖具有「種族之思」，從此結交。並推介楊氏與孫中山認識，孫、楊一見如故，「歡甚，由是朝夕常至，至則抵掌而談，達旦不倦」，是為二人日後共同倡導革命之由來。[25]（圖三）

---

[24] 引文見馮自由，〈楊衢雲傳略〉，《革命逸史》，1集，頁6；參其堂弟楊拔凡，〈楊衢雲家傳〉（1955年冬，打印稿），此文後摘錄刊於《楊衢雲紀念特輯》（香港，2000），頁3；家傳打印稿，頁8，謂楊氏隨名師苦練武技，相當精湛，謝纘泰謂其武技可力敵十餘廿人；又參簡又文，〈國民革命文獻叢錄〉，《廣東文物》（上海書店，1990），內引關景良所言，謂楊氏善拳術，每於大道中揮拳擊打欺凌華人的英兵。又參楊興安，〈楊衢雲家傳序〉，《楊衢雲紀念特輯》，頁22，更正楊衢雲祖籍為海澄，而非澄海；父名清水，誤為清河；婚字肇春而非兆春等。又李志剛，〈閩賢楊衢雲對革命事業的貢獻及與基督徒交往〉，《基督教與近代中國人物》（台北：宇宙光，2006），頁165-170，考查楊氏下葬跑馬地基督教墳場，故為基督徒；然更重要證據，則為陳春生，〈基督教徒對我國革命之助〉，藏台北黨史會，一般檔案000/54，陳春生謂受陳少白邀赴《中國日報》辦事，入門所見，幾全是基督教中人，包括陳少白、楊衢雲、鄧蔭南、蘇焯南等，於此可證。

[25] 尤列，〈楊衢雲略史〉，《尤列集》，頁225-227；簡又文，〈國民革命文獻叢錄〉，同上，謂楊衢雲常至醫校聚談，以外人待我不平，同胞須發奮圖強，又每談必申述《揚州日記》慘史，增加各人革命情緒。

圖三　楊衢雲（引用自李金強：《一生難忘：孫中山在香港的求學與革命》，頁90）

謝纘泰，廣東開平人，字聖安，號康如。父日昌，於澳洲營商，開設泰益號，經營出入口貿易，屬洪門三合會，故具反清復明思想，以此教導二子纘泰、纘業。謝纘泰於雪梨（Sydney）出生，據說其母為首位至澳洲的中國女性。7歲時受洗，成聖公會信徒，然自謂乃儒家思想支持者，於格夫頓中學（Grafton High School）完成初小教育，1887年，16歲回港。得識日後出任輔政司的駱克（J. H. Stewart Lockhart, 1858-1937），並接受其建議，入學中央書院，畢業後任工務局書記及買辦之職。在中央書院就讀時，已經認識校內外，關心國事的愛國青年，遂與楊衢雲等合組輔仁文社。[26]謝氏擅長英語、數學，時常於本港中、英文報刊如《華字日報》、Hong Kong Daily Press（《孖剌西報》）、South China Morning Post（《南華早報》）投書及撰稿。發表言論，尤多改革主張。於輔仁文

[26] Tse Tsan Tai, *The Chinese Republic*, op. cit., p. 7; 並參Sonia Lightfoot, *The Chinese Painting Collection and Correspondence of Sir James Stewart Lockhart (1858-1937)* (Lewiston: The Edwin Mellen Press, 2008), pp. 21-22.

社成立前後，倡議國人廢除風水，藉以推動路、礦事業；主張禁止印度鴉片輸入；反對纏足惡習；又倡議教會自立；改革潔淨局制度，加強衛生等。[27]此外又醉心研究發明，先後發明新款軍用盔帽（Military Sun-helmet）、飛船設計（dirigible airship），引起英國方面之注意及應用。[28]（圖四）1898年繪製著名的《東亞時局形勢圖》，警醒國人關注列強瓜分中國，被視為近代中國首出之政治漫畫。[29]（圖五）由此可見，謝氏憑其西學新知，從而成為一位具有改革及發明思想的愛國者。[30]（圖六）

1895年，輔仁文社，以楊衢雲、謝纘泰為首，加入孫中山所創建的興中會，遂投身革命。至1903年壬寅廣州之役失敗後，謝氏遂告別革命。與英國友人合資創辦South China Morning

---

[27] 謝氏在報刊所發表之言論，其要目，參Chesney Duncan, *Tse Tsan Tai: His Political and Journalistic Career* (Hong Kong: Kelly & Walsh Limited, 1917), pp. 5-8; 並參張佩貞，〈謝纘泰研究〉（香港大學中國歷史碩士論文，1997），頁37-46。

[28] 〈中國發明飛艇家謝君纘泰小傳〉，《小說月報》，4期，頁31-33；"Mr Tse Tsan Tai," *The Skitch*, 16 June 1897. 1896年謝氏發明軍用盔帽，能避中暑，可保護首、頸兩部，呈送英國陸軍部，備受歡迎。至於飛艇則為1899年謝氏所設計之「中國」號飛艇，其構造乃一鋁製雪茄式氣球，並設電機，乃以電力推動扇式推行機。除艇首、艇尾皆設外，船面上尚有二支，每小時能飛60英里，此一發明受到英國航空界的關注。

[29] 馮自由，〈三十九年前之東亞時局形勢圖〉，《革命逸史》，1集，頁62-64，1898年謝氏感慨時事，繪製此圖，圖中以熊代俄國，犬代英國，蛙代法國，鷹代美國，日代日本，腸代德國，以示列強爪分中國。於其旁題詩曰：「沉沉酣睡我中華，那知愛國即愛家，國民知醒宜今醒，莫待土分裂似瓜」。

[30] 謝氏生平始見於Chesney Duncan, *Tse Tsan Tai*, op. cit. 及馮自由，〈老興中會員謝纘泰〉，《革命逸史》，2集，頁23；又參關國煊，〈謝纘泰1872-1937〉，《傳記文集》，46卷5期（1985），頁141-143；楊拔凡稱譽謝氏「不失去其中國人靈魂，此為其最可貴之點」。見楊拔凡、楊興安，《楊衢雲家傳》（香港：新天出版，2010），頁39。

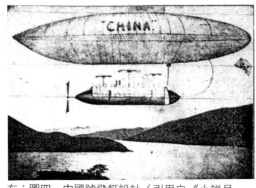

左：圖四　中國號飛艇設計（引用自《小說月
　　　　報》，4期）

右：圖五　東亞時局形勢圖（引用自李金強：《一
　　　　生難忘：孫中山在香港的求學與革
　　　　命》，頁90）

Post（《南華早報》），繼而經營鐵路、農礦企業。並潛心著
述，先後出版與日俄戰爭、人類學、地質學及傳統中國畫藝等
相關中英文書籍。1924年更以英文撰寫《中華民國革命秘史》
（The Chinese Republic - Secret History of the Revolution），為其個
人生平，輔仁文社，及辛亥革命史留下可貴的第一手材料。而
其新聞界好友鄧肯（Chesney Duncan）遂為其立傳，謝氏由是
垂名香江。[31]

　　其餘成員亦分別列述其生平如次。

　　陳芬肄業於中央書院，任職香港政府翻譯。

　　周昭岳，廣東南海人，商人。為該社除楊衢雲、謝纘泰、
　　　　黃詠商三人外，加入香港興中會及同盟會者。

---

[31] Chesney Duncan, *Tse Tsan Tai*, op. cit., pp. 1-8; 張佩貞：〈謝纘泰研究〉，同前，
頁23。又《中華民國革命秘史》一書之史料價值，參馮自由，〈興中會初期重要史
料之檢討〉，《革命逸史》，4集，頁67-79。

圖六　謝纘泰（引用自李金強：《一生難忘：孫中山在香港的求學與革命》，頁90）

黃國瑜，廣東南海人，中央書院肄業，亦任職香港政府翻譯。

羅文玉，廣東順德人，中央書院肄業，並任教聖若瑟書院。

劉燕賓，聖若瑟書院肄業，任職炳記船務書記長。[32]

溫宗堯（1867-1947），與溫德同屬一人，原籍廣東新寧，字欽甫，於印度加爾各答（Calcutta）出生，父親於當地經營木器傢俱，於中央書院畢業後，留校任教英文，黎科、陳錦濤及王寵惠皆為其弟子，稍後於北洋大學任教。1900年參加唐才常於兩湖的自立軍起義，1906年，任粵督岑春煊幕僚。辛亥革命後，在上海協助伍廷芳，任革命政府外交副代表，1916年參予反袁護國運動，1917年出任

---

[32] 上列陳、周、黃、羅、劉各人生平，見馮自由，〈興中會初期孫總理之友好及同志〉，〈興中會時期革命之同志〉，〈興中會會員人名事蹟考〉，《革命逸史》，3集，頁21、72-73，4集，頁38-40；吳倫霓霞，〈孫中山早期革命運動與香港〉，《孫中山研究論叢》，3集（1988），頁72-73。

廣東軍政府外交部長，1918年任軍政府總裁。北伐後寓居上海，1938年與梁鴻志等人在南京組織維新政府。其後與汪偽政府相涉，任司法院院長，於1946年以漢奸罪名，被判無期徒刑。[33]

胡幹之，廣東番禺人，肄業聖保羅書院，出任沙宣洋行買辦。

何汝明，字星儔，廣東香山人，畢業聖保羅書院，於母校任教，日後出任該書院院長，並與孫中山、陳少白及楊衢雲友誼甚篤。[34]

陸敬科（1863-1945），又名禮初，廣東肇慶人，少時隨叔父至香港，於《循環日報》任徒工，後入學中央書院。畢業後留校任教，後經營棉紗買賣，至1903年棄商從政，捐納候補道台。參與外交翻譯事務、辛亥革命成功後，任臨時政府外交處長，代理外交部長。1917年出任軍政府顧問兼廣西特派員，外交部長，為孫中山外交事務得力助手。北伐統一後，辭官經營化妝生意，熱心社會公益。著有《東洋遊記》及《華英文法捷徑》（An English Grammar for Chinese Students with Concurrent

---

33 溫宗堯生平，見馮自由，《革命逸史》，3集，頁63-64；參〈溫宗堯〉，http://baike.baidu.com，2010年5月19日取；南京市檔案館編，《審訊汪偽漢奸筆錄》（上）（南京：鳳凰出版社，2004），頁324-329。鰲洋客，〈楊衢雲（廿八）〉，內記溫宗堯及何汝明生平，並謂二人乃楊衢雲之好友，一直照顧楊衢雲之家人。

34 馮自由，《革命逸史》，3集，頁19；又參鰲洋客，〈楊衢雲（二五）〉，謂何汝明乃楊衢雲之父楊清水之學生。

Explanation in Chinese）（Hong Kong: Yew Kee, 1913），後書且出第二版，可見其受到歡迎。[35]

黃詠商，廣東香山人，肄業中央書院，其父黃勝，姊夫韋玉，皆為立法局議員及香港名紳，與何啟相熟。加入興中會後，出任首任會長，並將其蘇杭街洋樓出售，獲8,000元，支持乙未廣州之役。[36]（圖七）

尤　列，廣東順德人，幼名季博，別字少紈，早年遊歷北方，得以接觸洪門。1885年回粵，入學廣州算學館，時孫中山就讀博濟醫院，由其族兄尤裕堂推介相識。1892年至香港任華民政務司書記，因至歌賦街楊耀記，走訪算學館同學楊鶴齡，重遇孫中山，時相聚會，陳少白亦加入，言行反清，時人目為「四大寇」。又因得識羅文玉，遂與楊衢雲結交，「嘗介紹之於文社，屢至談學，因得與諸君遊」，至此參與輔仁文社活動，與該社交往漸密，其後亦投身革命。日後且為被刺而死的楊衢雲之生平立傳，與輔仁文社的關係，不言而喻。[37]

---

[35] 〈曾為孫中山先生老師的陸敬科〉，http://szb.gaoming.gov.cn; 陸敬科著，《英華文法捷徑》，http://book.kongfz.com，均取於2010年5月19日。

[36] 馮自由，〈黃詠商略歷〉，《革命逸史》，1集，頁9-10。記黃詠商與何啟有戚誼，此乃誤記。事實上，與何啟同為立法局議員之韋玉，乃黃之姊夫，參吳醒濂，〈韋寶珊爵士〉，《香港華人名人史略》（香港：五洲書局，1937），見「已故名人」，頁3。

[37] 冼江，〈尤列事略〉，尤列，〈楊衢雲略史〉，《尤列集》，頁62-63，226-227。冼江謂尤列加入輔仁文社。

圖七　黃詠商（引用自李金強：《一生難忘：孫中山
　　　在香港的求學與革命》，頁109）

　　至於陳鏸勳，廣東南海人，肄業於香港，且「涉獵西
文」，其後於輔仁文社出版《香港雜記》一書，自謂是書之得
以完成，乃「隨事留心，有聞必錄」，且注意西文資料，並撮
譯英人沙拔之書居多，為香港史首出之作。[38]

　　綜觀上述輔仁文社成員，具有直接參與記錄者11人，間
接者3人，合共14人。除楊衢雲為閩人外，餘皆粵籍，且有出
生海外，皆非出身於傳統士紳，未具科舉功名。然大多於香港
接受新式英文中學教育，故通曉中、英雙語，及西方史地格致
之學，且有歸信基督教。就其職業而言，大多任職教員、洋行
職員、買辦、殖民地政府公務員、商人等，均屬沿海通商口岸
的新式職業，為十九世紀下半葉中西文化交流下，香港華人社
會新一代的雙語精英。[39]其言行舉止，均流露出受到西方文化

---

[38] 陳鏸勳，〈自序〉，《香港雜記》（香港：中華印務書局，1894）。

[39] 王興端，同前，頁36，Hsueh Chun-tu, op. cit., p. 109; 李金強，〈西學搖籃——清
　　季香港雙語精英的誕生〉，同前，頁697-698。

薫陶的特質，其衣著言行，思維，與傳統中國儒士，自然大異其趣，難怪時人以「洋化」二字譏之。[40]

第四節　活動

　　1892年成立之輔仁文社，馮自由將其定性為開通民智，討論時事，及為新學（西學）團體之先河，於此可見為一倡導新學，關心時局，並具改革思想的學術團體。[41]稍後，由於尤列之關係，該社楊衢雲等人，遂與四大寇的孫中山相交，其中孫、楊二人，一見如故。至1894至95年，當孫中山創建興中會於檀香山，返港創設興中會總會時，輔仁文社的骨幹楊衢雲、謝纘泰、黃詠商及周昭岳遂相繼加入興中會，其中楊、黃二人更先後出任會長。[42]於興中會中，自成一派，並且成為清季革命運動的倡導者，輔仁文社由是由學術團體轉向成為革命團體。[43]而該社的活動，遂由1895年作為分水嶺，前此以學術活動為主，此後則加入興中會轉而投身革命。

　　其一、學術活動──該社成立之初，乃購置新學書籍，供社員閱讀、研究，故謂「設一書報社於香港百子里1號2樓，

---

[40] 馮自由，《華僑革命開國史》，頁3。

[41] 馮自由，《華僑革命開國史》，頁3；又參陳少白，《興中會革命史要》（台北：中央文物社，1956，重刊），頁55，則謂輔仁文社乃「研究學業，蓋一變相之俱樂部」。

[42] 黃、楊二人先後出任會長，見尤列，〈楊衢雲略史〉，頁228。

[43] 袁鴻林，〈興中會時期的孫、楊兩派關係〉，頁5，指輔仁文社轉向而成為中國近代史上第一個含有反清革命因素的資產階級先進政治團體。又參賀躍夫，〈輔仁文社與興中會關係辨析〉，反對袁鴻林對輔仁文社的定性，並引薛君度的研究論點，否定該社為革命團體，而為一致力新學及社會活動的學會組織。

名曰輔仁文社」，[44]並舉辦公開會談，講論「戒纏足說」、「西洋火炮」等課題。

前者乃清季基督教傳教士來華，於宣教同時，提出婦女放足，而有戒纏足之鼓吹。其中以1874年英國倫敦傳道會麥嘉溫（John Macgowan, ?-1900）於廈門成立廈門戒纏足會，最為著稱，而美國美以美會則由黃乃裳與保靈（Stephen L. Baldwin）夫人，於福州發佈〈革除纏足論〉五篇，散發閩江上、下游作為鼓吹，即為顯例。至1895年英商立德（Archibald Little）夫人及李提摩太（Richard Timothy）夫人，於上海發起成立「天足會」，出版書刊，巡迴演講，鼓吹中國婦女天足，解放中國婦女身體的束縛。與此同時，康有為、梁啟超之維新派亦起而響應及鼓吹。[45]輔仁文社成員，亦受影響，關注此一課題。其中謝纘泰日後且為香港婦女天足會之推動者。[46]

後者應與黃勝出版《火器略說》一書相關。黃勝早年就讀灣仔之馬禮遜紀念學校，繼而留學美國麻省孟梭中學（Morrison Academy），亦為香港之雙語精英。回港後，從事印刷及報業，參與《德臣西報》（China Mail）、《遐爾貫珍》及《中外新報》的印務與編刊，成為香港報業先驅，後且被港府委任為立法局議員。時清廷推行洋務，與在港創辦

---

[44] 馮自由，〈老興中會員謝纘泰〉，頁23。

[45] 湯清，《中國基督教百年史》（香港：道聲出版社，1987），頁619；李金強，〈基督教改革者──黃乃裳與清季改革運動〉，《書生報國──中國近代變革思想之源起》（福州：福建教育出版社，2001），頁90-91。

[46] Tse Tsan Tai, *The Chinese Republic*, pp. 13, 17. 謝氏與康梁維新派來往時，已建議康廣仁於國內成立天足會。1898年謝纘泰協助立德夫人在港組織婦女天足會。1900年邀請立德夫人於華商會，演講婦女纏足之害。其妻並且受邀，出任香港婦女天足會秘書。

《循環日報》，鼓吹變法自強的王韜過從甚密，遂與王韜合作，翻譯《火器略說》一書，推介西方製炮技術，為近代中國軍器現代化最早的圖籍。[47]而輔仁文社社員黃詠商即為黃勝之子。應為該社討論此一課題之由來。

此外，該社又重視出版，據云設有出版部門，先後出版《富國自強》、《香港雜記》及〈東亞時局形勢圖〉。首書未尚得見，只知與《香港雜記》同期出版，而〈東亞時局形勢圖〉，由謝續泰手繪，已於前述，被推許為百年前香港漫畫界的佳作。[48]

而陳鏸勳撰寫《香港雜記》一書，近日始受到學者關注，被視為中文撰寫香港史碩果僅存及開山之作。[49]並因其自謂序於輔仁文社，遂得悉陳氏與文社之關係。全書除〈自序〉、〈更正〉外，尚包括地理形勢、開港來歷、國家政治、稅餉度支、中西船務、中西醫所、民籍練兵、街道樓房、水道暗渠、華英書塾、港則瑣言等12章，為十九世紀下半葉首本香港史專著。陳氏謂撰此書乃香港位於「中國之外，地界中西，則其例殊，人雜華洋，則其情殊」，並謂是書乃為入境問禁、問俗而

---

47 李志剛，〈留學生黃勝一生的現代化專業與基督教的關係〉，《基督教與中國近代文化》（香港基督教文化學會，2009），頁150-161。

48 吳萱人，〈追懷一間逾百年的文社——輔仁文社的輝煌歷程〉，《鑪峰文藝》，4期（2000），頁132；陳鏸勳，《香港雜記》，同上，見書末〈更正〉，指出《富國自強》及《香港雜記》兩書內文之稱謂及格式須更正。

49 楊國雄，《香港身世文字本拼圖》（香港各界文化促進會，2009），頁12-13；並參李培德，《香港史研究書目題解》（香港：三聯書店，2001），頁17-18，指出本書較倫敦會傳教士歐德理（E. J. Eitel）所著首本英文香港史——*Europe in China* (1895)之出版，尚早一年。又暨南大學莫世祥目校注該書重刊，見陳鏸勳、莫世祥校注，《香港雜記外二種》（廣州：暨南大學出版社，1996重印）。

126
中山先生與港澳

圖八　《香港雜記》（引用自香港浸會大學圖
書館）

寫。然香港有史，自此書始。[50]學術及文化意義重大，並透露
出香港華人對香港本土認同意識之啟始。（圖八）

　　然而隨著1895年，該社成員參予興中會後，其活動由是丕
變，此即從事反清革命運動。

　　其二、革命活動──1895年2月21日興中會總會成立後，
遂計劃起義。先後策動1895年乙未廣州之役，1900年庚子惠州
之役及1903年壬寅廣州之役。輔仁文社一派，以楊衢雲、謝纘
泰參予最多。其中1903年一役，更由謝纘泰所策動，乃為楊衢
雲被清廷刺殺而起，謀求聯絡中外，改革派、革命黨人等力量
而成，可惜是役亦告失敗。[51]輔仁文社成員從此與革命絕緣。

[50] 陳鏸勳，《香港雜記》，頁1。
[51] 張玉法，《清季的革命團體》（台北：中央研究院近代史研究所，1975），頁
237-244；L. Eve Armentrout," The Canton Rising of 1902-1903: Reformers,

首役乙未廣州之役。以廣州為發動地點，由楊衢雲與孫中山主其事，分別於香港及廣州部署，招募起義隊伍，及購買軍火運省，計劃於九月初九日重陽節（10月26日）於廣州起義，採行「分道攻城計劃」，並以陸皓東設計的「青天白日旗」，作為起義標誌。由香港隊伍主攻，國內北江、順德、香山、潮州、惠州分路響應。並由何啟幕後參與和策劃，謝纘泰則聯絡《德臣西報》（China Mail）編輯黎德（Thomas H. Reid）及其好友《士蔑西報》（Hong Kong Telegraph）編輯鄧肯，相繼允諾在其所編報刊上，發表支持革命的言論。及至起義，卻因香港方面起義隊伍，於乘省港輪——保安號赴省時，為香港警方發現，電告英國駐廣州領事。且起義隊伍登岸後，得知造反，相繼逃離，至為廣州當局發現，起義遂被偵破。陸皓東等人被捕處死殉難，而孫、楊二人均遭懸紅通緝，相繼逃亡至日本及南非，乙未廣州之役，遂告流產。及至1896年孫中山於倫敦蒙難被救，轟動世界，確立其為中國革命家的英雄形象。稍後再至日本，並獲日本關心中國及興亞論者所支持，計劃再次起義。而遠走南非的楊衢雲亦於此時東返，時值1900年義和團之亂，孫、楊終於再次策動第二次庚子惠州起義。[52]

1900年庚子惠州之役。孫中山於重返日本後，重組革命武力，聯絡香港及長江之兩湖會黨，創設興漢會，並被推為總會

Revolutionaries, and the Second Taiping," *Modern Asian Studies* 10, 1 (1976), pp. 83-105.

[52] 乙未廣州之役，參李金強，《一生難忘——孫中山在香港的求學與革命》（香港：孫中山紀念館，2008），頁113-116。

長，而楊衢雲亦在此一情勢下，辭去興中會會長一職。及至義和團之亂起，並獲日方東亞同文會犬養毅、平山周、宮崎寅藏等人支持，又在何啟倡議，香港總督卜力（Sir Henry A. Blake）同意下，聯繫兩廣總督李鴻章，計劃合作，於華南起事，建立共和國。而香港方面則由楊衢雲、謝纘泰與陳少白等負責籌備，終於由鄭士良等人於惠州三洲田起義，起義隊伍勢如破竹，攻至三多祝，為清兵三路進迫，最後失敗，日本義士山田良政殉難。而潛伏在廣州的史堅如亦因暗殺署理粵督德壽，失手被捕而死。[53]其時楊衢雲亦因惠州之役期間，清廷派人到港，向其聯絡招降未遂，[54]因而身份暴露，遂被清廷派出殺手陳林、李桂芬等，至其設館教授英文之寓所——結志街52號2樓，進行暗殺被害。孫中山、尤列於橫濱聞訊哀傷，並籌款及寄出訃訊，表示悼念。[55]

　　1903年壬寅廣州之役。楊衢雲被刺而死後，原屬輔仁文社一派的興中會會員謝纘泰，決定為故友復仇，密謀再次起

---

[53] 1900年庚子惠州之役，參李金強，《一生難忘：孫中山在香港的求學與革命》，頁116-121。

[54] 馮自由，〈楊衢雲事略〉，頁8。

[55] 馮自由，〈興中會首任會長楊衢雲補述〉，頁12-15，楊被暗殺前，已有同志江恭喜聞訊警告，至1901年1月10日晚上六時外，時楊氏於寓所內，置幼子生治於膝間，據案教讀，陳林掩入開槍，衢雲聞聲以羊皮英文書（英文字典）阻擋，卻被射中頭額，幼子跳落，蹲伏於書桌下。陳林再發三槍，中其胸膛倒地，得手後，射碎室內懸燈逃走。妻女聞聲入室，發現楊氏重傷，手擎自衛槍末放，身如血人，繼而強起步行下樓，乘竹轎送至西環國家醫院，急救不治，翌晨逝世，遂葬於跑馬地基督教墳場6348號。楊氏被刺殺情況，參楊拔凡、楊興安，《楊衢雲家傳》，頁20-21；鰲洋客，〈楊衢雲（十三—十八）〉；又刺殺楊衢雲兇手，陳林及李桂芬，先後被捕及受刑，參〈提解案引出楊衢雲故事〉，《香港華字日報》，1911年8月16日。

義。遂聯絡前太平天國瑛王洪春魁（全福），計劃於廣州起事。獲香港紳商，包括李紀堂（出資50萬元）、何啟、胡禮垣、何東、區鳳墀、劉鑄伯及星加坡邱菽園（出資20萬元）支持，計劃事成後，推舉容閎為臨時政府大總統，遂於中環德忌笠街20號4樓和記棧設立起義總機關。洪全福等人相繼潛入廣州部署，於西關同興街、花地、芳村等地設置機關，收藏軍械及起義物資，計劃於1903年農曆除夕（1月28日），謀炸廣州文武百官匯集賀歲之萬壽宮，發動起義，最終因洩密而流產失敗。[56]而謝纘泰亦從此退出革命舞台，轉而從事新聞、工商業及著述活動。[57]而輔仁文社的活動亦從此畫下休止符。

第五節　結論

輔仁文社為十九世紀下半葉香港華人在英國殖民統治，於中西文化交流下的產品。此即香港年輕華人在官立及教會英文中學，接受中英雙語教育而成香港華人社會之雙語精英。[58]輔仁文社成員皆出身於此，尤其熟習英語，或教授英語，如楊衢雲；或以英語著述行世，如謝纘泰、陸敬科；或職尚翻

---

[56] 壬寅廣州之役，參李金強，《一生難忘：孫中山在香港的求學與革命》，頁121-125。

[57] 張佩貞，〈謝纘泰研究〉，頁2-4、26-28，1915年謝氏於荃灣三百錢村購入一別墅，興建光漢樓，後改稱中華革命歷史院，搜集革命文物、照片、書牘、文件、墨蹟，以供後人瞻仰及研究。尤其推崇楊衢雲的歷史地位，後謝氏將此樓房轉售給女青年會，於戰時為戰火所毀。

[58] 其時香港官立及教會英文中學的概況，可參陳鏸勳，〈華英書塾〉，《香港雜記》，頁45-47。指中央書院英文、唐文（中文）均分八班，羅馬堂書院（聖約瑟書院），聖保羅書院，均專教英文。拔萃書院，專教英文，亦間涉獵唐文。

譯，如黃國瑜。亦由是得識西方史地格致之學，起而倡導西學，此即輔仁文社為時人譏誚洋化之由來。然而其時適值中國備受列強侵略，從而激發此輩產生愛國思想，此即該社以盡心愛國為座右銘之故也。此批青年華人雙語精英，憑其對西學新知的掌握及對華人身份的認同，逐漸產生群體自覺，起而組織團體，輔仁文社亦由此而生。一方面倡導西學，另一方面力主中國改革，並逐漸衍生出本土認知的意識，陳鏸勳編寫《香港雜記》，可見其端倪。然而隨著中國不斷對外失敗，清廷威信盡失，國人離心漸生，輔仁文社成員亦由前此力倡西學，主張改革，如研討西洋火器，鼓吹婦女天足；逐漸轉向革命，此即與孫中山四大寇一系相結合，合組興中會。終於策動興中會時期的乙未廣州之役、庚子惠州之役及壬寅廣州之役，然最終均告失敗。期間輔仁文社成員楊衢雲被刺殺，謝纘泰因壬寅廣州之役失敗而絕望，告別革命。可見清季倡導革命的香港雙語精英，逐漸退出革命舞台。唯獨孫中山尚未見氣餒，起而聯絡國內兩湖，江浙各地的新革命精英，合組「中國同盟會」，繼續革命，以推翻滿清，創建民國為職志。而清季革命運動的核心亦由是從香港推衍至全國。星星之火終告燎原，而中華民國亦由是誕生。[59] 而清季香港雖被視為洋化的輔仁文社成員，最終憑其「洋化」知識與言行，起而倡導西學，改革，以至革命，從而於近代中國革命史上獲取一席之地位。

---

[59] 馮自由，〈香港同盟會史要〉，《革命逸史》，3集，頁227。「故在一部革命史上，香港地位之重要，實佔全部之第一頁。」

中山先生與港澳

第五章　香港興中會總會的成立及其重要性

驅除韃虜，恢復中華，創立合眾政府，倘有貳心，神明鑒察。

——香港興中會總會誓辭

　　孫中山於1894年11月24日首創興中會於檀香山，然其革命乃以香港、澳門、廣州三地為起點。此因青年時期的孫中山，1886年於廣州博濟醫院習醫時，得識具有會黨背景的同學鄭士良及尤列；其中鄭氏早年信教，並加入三合會，孫中山且視其為「拜兄」，日後乙未廣州之役及庚子之役，即賴鄭氏聯絡會黨，進行武裝起義。翌年轉學香港西醫書院就讀，相繼與尤列、陳少白及楊鶴齡三人，高談反清，而被目為「四大寇」，[1]並透過尤列得以認識輔仁文社之楊衢雲、謝纘泰，均屬志同道合。1892年孫氏畢業後至澳門行醫，結識當地紳商如何穗田、吳節薇等人，然皆非激進者；只有同鄉陸皓東，楊鶴齡、楊心如等數人「往來石岐、香港、澳門間」，而得以成為澳門行醫時期的同志。繼而於廣州行醫時，結識左斗山、魏友

---

[1] 馮自由，〈興中會四大寇訂交始末〉，〈鄭士良事略〉，《革命逸史》（台北：商務印書館，1969），1集，頁13-15，37-39，劉聯珂：《幫會三百年革命史》（台北：古亭書店，1975），頁102。

琴、程璧光、程奎光、程耀宸、王質甫諸人，以雙門底聖教書樓及廣雅書局內南園抗風軒為密談時政之地。此其於粵港澳三地，結識反清同志之人脈，並已計劃成立團體，而得以日後組織興中會。[2]孫中山於檀香山創立興中會後，繼而返回香港，至1895年2月21日，以鄭士良、陸皓東、陳少白、尤列、楊鶴齡、楊衢雲、謝纘泰、黃詠商等人為骨幹，成立興中會總會於港島史丹頓街13號，密謀起義。於此可見香港在第一把革命火炬——興中會成立時的關鍵地位。而更重要則為同年策動乙未廣州起義，為近代中國革命運動的先聲，故此香港興中會總會為探究近代中國革命運動之源起，不容忽略的課題。[3]

第一節　興中會的創立——澳門說

興中會為孫中山倡導革命，首先成立的革命團體，從而促成中華民國的誕生，其重要性不言而喻。[4]然有關興中會創設的早期記述，馮自由指稱為清季革命史料中「最簡略」者。其初祇能見之於孫中山自傳如〈倫敦蒙難記〉（1897）、〈有志竟成〉（1919）、〈中國革命史〉（1923）、陳少白口述《興中會革命史要》（1929）、及謝纘泰的英文記述The Chinese Republic: Secret History of the Revolution（中華民國革命秘史）（1924）數種。而以謝氏一書最具系統，其書以日誌形式記述，為興中會的創立及

---

[2] 馮自由，〈興中會組織史〉，〈澳門華僑與革命運動〉，《革命逸史》，4集，頁1-2、75。

[3] 張玉法，《清季的革命團體》（台北：中央研究院近代史研究所，1975），頁141-175。

[4] 馮自由，〈興中會組織史〉，《革命逸史》，4集，頁1。

早期發展，留下「最有價值之記載」。其次則為馮氏所編著的
《中華民國開國前革命史》（1928）、六集《革命逸史》（1939-
1944），為興中會記述最多最詳者。此乃馮氏於14歲時隨父鏡如
營商，僑居橫濱，適為孫中山、鄭士良、陳少白三人於1895年
乙未廣州之役失敗後，逃難至橫濱，寓居其父家中，得以親聞
三人講述興中會「有聲有色」之故事，而橫濱興中會分會成立
後，亦由其父出任會長，而馮氏遂於其時加入，由是得悉興中
會創立時期之情況，而詳加記述，亦為該會留下重要史料。[5]

　　及至1928年中國國民黨北伐統一後，開府南京，獲取全
國政權而成為執政黨。其創黨日期遂受黨人的關注，時鄒魯
出版《中國國民黨史稿》一書，主張興中會乃於1892年創設
於澳門而非檀香山之新說，遂引起黨國及革命元老的爭論，
最終仍以1894年孫中山創設興中會於檀香山為確論。[6]隨着
1949年新中國成立後，興中會亦受到國內外史家的關注，有
關興中會的研究漸多。[7]其中尤以香港成立的興中會總會，最

---

[5] 引文見馮自由，〈興中會初期重要史料之檢討〉，《革命逸史》，4集，頁66-73。
　　馮氏又於文中敘述謝纘泰之生平及稱許其書之史料價值。並提及親聞孫中山口述其
　　兄孫眉賤賣牛牲，支持首次乙未廣州起義。又乙未一役失敗後，逃出廣州，密乘小
　　輪逃亡澳門，因舵手不知水程，孫氏且代其執羅盤行駛的驚險故事。又關於孫中山
　　自傳及參與革命的自述，可參黃彥編註，《自傳及敘述革命經歷》（廣州：廣東人
　　民出版社，2007）一書。

[6] 參鄒魯，《中國國民黨史稿》，頁26，註1。鄒氏據〈倫敦蒙難記〉，及〈有志竟
　　成〉篇指出孫中山行醫澳門、廣州，而始創興中會於澳門。並謂此新說，「正與諸
　　同志再三公開商榷中」。然最終未被接納，見〈創黨紀念日之確定〉，《革命文
　　獻》（台北：中國國民黨黨史委員會，1973），64輯，頁10-60。

[7] 黃彥，〈興中會研究述評〉，《回顧與展望：國內外孫中山研究述評》（北京：新
　　華書店，1986），頁307-320。就大陸學者對興中會的組織、宗旨、特質、歷史地
　　位及乙未廣州之役、庚子惠州之役之研究，以及相關論點作出說明。唐自斌，〈興
　　中會〉，林增平、郭漢民、饒懷民主編，《辛亥革命史研究備要》（長沙：湖南出

受注意。[8]本文即由興中會的創始入手，探析香港興中會總會之成立及其於近代中國革命史上的重要性，從而說明香港為近代中國革命運動之搖籃。

關於興中會之創立，孫中山日後於其《建國方略》之〈有志竟成〉，已明確指出乃1894年於檀香山所創設，此點亦為革命史家如馮自由等所首肯。[9]然黨國元老鄒魯卻於1929年出版之《中國國民黨史稿》一書，引述孫中山：〈倫敦蒙難記〉一文，謂1892年於澳門成立少年中國黨，此即興中會。故主張興中會始創於1892年之澳門，從而引起馮自由及其時黨史會之關注，引起討論，然皆無一贊同興中會始創於澳門一說。[10]此外，尚有尤列撰〈楊衢雲略史（中國革命興中會

版社，1991），頁209-215；論述中外學者對興中會成立時間、地點、性質及作用之觀點。此外，薛君度以「孫（中山）、黃（興）」並舉的觀點，回溯興中會研究，尤重楊衢雲及「輔仁文社」一派於創建興中會的地位，參Hsüeh Chü-tu, "Sun Yat-sen, Yang Ch'ü-yün and the Early Revolutionary Movement in China," *Revolutionary Leaders of Modern China*, pp. 102-122. 張玉法對興中會的創立、組織分佈、會員成分、活動及影響作出詳細論述，可參張玉法，《清季的革命團體》，頁141-250。

[8] 呂士朋，〈興中會香港入會諸志士的研究〉，吳倫霓霞，〈興中會前期（1894-1900）孫中山革命運動與香港的關係〉，《革命開國文獻》（台北：國史館，1996），2輯史著一，頁569-606；蔣永敬，〈辛亥革命運與香港〉，《孫中山與中國革命》（台北：國史館，2000），頁305-332；Chan Lau Kit-ching, *China, Britain and Hong Kong 1895-1945* (Hong Kong: The Chinese University Press, 1990), pp. 19-64.

[9] 孫中山，〈有志竟成〉，《孫中山全集》，6卷，頁229；馮自由，《中華民國開國前革命史》（1928）（台北：世界書局，1971），1集，頁4；〈興中會於檀香山之鐵證〉，《革命逸史》，3集，頁24-30。

[10] 鄒魯，〈關於興中會創立的時間與地點〉，《革命文獻》，64輯，頁10-16；馮自由，〈興中會於檀香山之鐵證〉，馮氏一文除引孫氏〈有志竟成〉所說，並謂少年中國黨未能等同興中會；並引創會者陳少白致興中會函，確證興中會始創於檀香山。而黨史會召集委員會討論，亦無同意始創於澳門，又參馮自由，〈孫總理修正

最初之實錄）〉一文，提出1893年孫中山於廣州設東西藥局行醫時，與陸皓東、鄭士良、尤列等聚會於城南廣雅書局之抗風軒，提議成立興中會，「眾贊成之，即日成立，以驅除韃虜，恢復華夏為宗旨」。[11]此即興中會1893年成立於廣州之說。由此可見，興中會之始創，即出現1892年澳門說，1893年廣州說及1894年檀香山說。

其中鄒魯首創澳門說，即為黨國元老如鄧慕韓，邵元沖，戴季陶，陳果夫，張溥泉等人先後撰著反對，予以否定，並均以檀香山為是。[12]而更值得注意為馮自由之反對，馮氏以孫中山之〈有志意成〉及〈中國革命史〉之記述為主，指澳門說為「子虛烏有」，已於前述。時興中會元老陳少白亦於1931年回應黨史會查問，並致函說明，肯定興中會乃始創於檀香山，至此興中會首創於檀香山由是確立。其後黨史會又據檀香山興中會創始會員何寬、李昌兩人，交納會銀於1894年11月24日之記錄，而將此日作為中國國民黨建黨紀念日。[13]及至新中國成立後，陳錫祺亦認為鄒魯之澳門說牽強附會。[14]至於1893年廣州

倫敦被難記第一章恭註〉，《革命逸史》，3集，頁123-129。指孫氏謂前此倫敦蒙難記，乃處英京有所忌諱，未敢承認其本人手創興中會及表示該會之宗旨。故日後撰寫〈有志竟成〉及〈中國革命史〉，據實重新修正。故創黨澳門乃「子虛烏有」。

[11] 尤列一文，見尤嘉博編，《尤列集》，頁227。

[12] 鄒魯，〈關於興中會創立的時間與地點〉，《革命文獻》，64輯，頁10-11。

[13] 羅家倫，〈興中會成立日期之史的考訂〉（1954），《革命文獻》，64輯，頁55-60。中國國民黨中央委員會常務委員會於124次會（1954年7月12日）通過1894年11月24日為創黨紀念日。

[14] 陳錫祺，《同盟會成立前的孫中山》（廣州：廣東人民出版社，1957），頁21-22；以孫中山日後糾正〈倫敦蒙難記〉所記澳門成立興中會（少年中國黨）乃意圖

說，一般學者認為尚未見成立組織，只能視之為發軔。[15]就上述三說觀之，仍以檀香山一說[16]最為確切。

綜上所引述之資料，可見香港、澳門及廣州，均為興中會具體組織成立前之醞釀。始有日後檀香山興中會之創會，然更重要則為香港興中會總會的成立，蓋因「一切革命活動，皆以革命領袖所在地為中心」，而興中會之重要領袖如孫中山、陳少白、楊衢雲、謝纘泰等人皆由香港而出。[17]故香港興中會總會實為清季革命團體中居首要之地位。

第二節　香港興中會「總會」的成立（圖一）

香港興中會成立之初，即被目為總會，蓋因香港興中會宣言之第一條已提出總會及分會設立之名目，[18]雖然其時沒有明指香港興中會為其總會，但隨着廣州、橫濱、南非、臺灣、河內等分會的成立，皆由香港興中會成員所拓展而生。香港興中會無疑已具有總會的名實。[19]

然而近日即有論者重提此事，謂香港興中會，並無總會之名，以稱香港興中會為宜。其主要論據乃引用陳少白於1931年

擾亂清吏，興中會實創於檀香山。並引陳少白所說壬、癸兩年（1892、1893）並無立會之事以為證。

[15] 張玉法，《清季的革命團體》，頁157。

[16] 劉子健，〈興中會時地和宣言的考訂〉，《革命文獻》，64輯，頁41-49；又參黃彥，〈興中會研究述評〉，頁308；唐自斌，〈興中會〉，頁212-214，檀香山說亦為國內學者所接受。

[17] 張玉法，《清季的革命團體》，頁157-158。

[18] 〈香港興中會宣言〉，《革命文獻》，64輯，頁62。

[19] 馮自由，〈興中會組織史〉，《革命逸史》，4集，頁2。

圖一　香港興中會總會位置圖（引用自羅香林：《國父在香港之歷史遺蹟》，圖片，頁45）

覆函黨史會，謂興中會之創設乃：「……查逸公係於甲午夏赴檀香山……吹唱革命，此會實創於此時，是年年底由檀返香港，翌年乙未正月僦屋士丹頓街，係繼續開會而已……。」從而指出香港興中會無總會之名。[20]事實上陳少白於覆函中雖無總會之稱，然其於1939年由許師慎筆錄其口述而出版之《興中會革命史要》一書，於書中卻明言，他本人與孫中山同在香港設立「乾亨行」，表面做買賣，而暗地裏卻「作為我們的總機關」，指稱興中會為總機關。可見陳氏最終仍視香港興中會為總會。揆之香港興中會的創會及早期成員記述，該會或被孫中山稱為「幹部」，或被陳少白稱為總機關，或被謝纘泰稱為總部（headquarters），或被馮自由稱為「總會」、「總機關」、「總會所」、「總

---

[20] 容若，〈香港興中會是總會之說，雖有記載經不起考驗〉，《大公報》，2011年4月19日；並參其〈孫中山檀島學英文廣州學西醫〉，《明報月刊》，46卷7期（2011），強調香港興中會並非總會，且香港亦非近代中國革命的發源地，而為「英國統治的香港以外開始」，意指檀香山。又陳少白函覆黨史會，見《革命文獻》，64輯，頁49。

部」、「實行機關」等名稱。然皆無不指向香港興中會為其首要組織，不言而喻。[21]其後中國國民黨黨史會於編刊《革命文獻——興中會革命史料》第64輯時，亦明確地將香港興中會冠以總會之名。由此可見，香港興中會無疑已具總會地位，亦由此使香港興中會總會得於清季革命運動中，扮演重要的角色。

第三節　香港興中會總會的重要性

革命運動之推行，有賴立會、宣傳及起義三者。立會乃求志士仁人成立革命團體，致力革命。宣傳乃發行報刊，宣揚革命，藉以推廣。而起義則為透過革命武力推翻現有政權，進行破壞而後始有建設。香港興中會總會於此三方面均扮演開創的角色，現分別論述如次[22]：

其一、立會。檀香山興中會雖具首創地位，然尚未具革命之性質及行動。而現時可見兩會之宣言及章程，香港興中會總會明顯具有反滿色彩，並具組織發展之行動綱領。現以檀香山及香港興中會之宣言及章程比較說明以證之。[23]

就宣言而言，兩者均指出中國面臨內憂外侵之危機，共同提出聯合志士、賢豪以「興中」，救國救民意向明顯。其中

---

[21] 孫中山，〈有志竟成〉，頁229；馮自由，〈興中會組織史〉，《中華民國開國革命史》（台北：中華書局，1971），（一），頁7，記總會；〈興中會於檀香山之鐵證〉，頁28，記為實行機關；《華僑革命開國史》，頁3-4，記總部、總會所；Tse Tsan Tai, *The Chinese Republic: Secret History of the Revolution*, p. 8.

[22] 孫中山，〈中國革命史〉，《孫中山全集》，7卷，頁63-65，並參蔣永敬，〈辛亥革命運動與香港〉，亦就此三方面說明香港於辛亥革命的重要歷史地位。

[23] 檀香山、香港興中會宣言及章程，見《革命文獻》，64輯，頁1-2、61-64。

香港宣言提出「中國積弱，至今極矣」，較之檀香山宣言，「中國積弱非一日矣」更覺迫切。此外，香港宣言對於清廷腐敗，貪污無能，殘民自肥，進行撻伐，更具激進思想。[24]

就章程而言，香港較檀香山章程之9條，增多1條，合計10條。並進行了修正和補充，其條文內容可分別從宗旨、組織、招收會員、經費及方向作出比較說明。

就宗旨而言，香港章程第2條「宗旨宜明也」，明言聯絡中外有志華人講求富國強兵之學，藉以「振興中華，維持國體」。而檀香山章程，則未提講求富國強兵之學。

就組織而言，香港章程包括第1條「會名宜正也」，第4條「人員宜得也」，第6條「支會宜廣也」，第9條「公所宜設也」，第10條「變通宜善也」，合計五條。提出設立總會及分會，總會設於中國，分會設於各地。總會設總辦1人、協辦1人，管庫1人，華文文案1人，洋文文案1人，董事10人，負責會中事務。分會（支會）則於各地，每處只設一支會，會友至少須有15人，始能成會。並由總會給照認妥，互通消息。支會須設一公所，為會員辦公之處，講求興中之法。並容許支會，隨時變通，因應所宜，另立規條，可見香港章程重視會務之擴展。而檀香山章程未有總會、分會名目，更未有分會體制的說明。

就招收會友而言，香港章程包括第5條「交友宜擇也」，第7條「人才宜集也」。新招會友，要由舊會友二人推薦，並經董事觀察後帶其入會，親填名冊，繳交會銀。共同挽救中國

---

[24] 〈香港興中會宣言〉，《革命文獻》，6輯，頁62，「朝廷則鬻爵賣官，公行賄賂，官府則剝民刮地，暴過虎狼……。」香港宣言，更見激進之分析，參Marie-Claire Bergère, *Sun Yat-sen* (Stanford: Stanford University Press, 1998), p. 52.

危局，並接納肯為中國盡力的中外各國人士加入。檀香山章程從未提及接納外人加入。

就經費而言，香港章程包括第5條及8條「款項宜籌也」，會員需繳會底銀5元，由總會發給憑招持執。由於辦事重大，需款浩繁，並設立「銀會」集資。每股10元，可認購1股至萬股。於開國之日，可收回本利100元。而檀香山章程則無銀會之議設。

就方向而言，香港章程第3條「志向宜定也」。提出「設報館以開風氣，立學校以育人才，興大利以厚民生，除積弊以培國脈」，此亦為檀香山章程所闕如。

更重要則為入會需要盟誓，據馮自由之記錄，可知香港興中會總會之入會者，均需宣誓，其誓詞曰：「驅除韃虜，恢復中華，建立合眾政府」，已具推翻現有滿清政權，謀求建立新政權的革命意向。[25]

凡此種種，可見檀香山雖同有宣言及章程之記述，然於宣言明顯較溫和，未見明確反滿。於宗旨則未提富國強兵。於組織則未具總會、分會之設。招收會員，未見注意外國人士，藉以擴大組織。經費則未有銀會之設，此未有行動之計

---

[25] 馮自由，《華僑革命開國史》，頁4、26。馮氏記述香港及檀香山興中會均有相同之誓詞；Harold Z. Schiffrin, Sun Yat-sen and the Origins of the Chinese Revolution (Berkeley: University of California Press, 1968), pp. 50-51. Schiffrin指出檀香山興中會亦有誓詞，且極可能與香港興中會相同；然國內外學者不少否定檀香山興中會已有誓詞，認為誓詞由香港總會才開始，參唐自斌，〈興中會〉，頁214；薛君度，《黃興與中國革命》（香港：三聯書店，1980），頁24-25，認為檀香山興中會早有誓詞，有可疑之處，因沒有其它文獻支持。沈渭濱，《孫中山與辛亥革命》（上海：人民出版社，1993），頁51-53。沈氏透過對馮自由著述相關記錄之分析，亦懷疑檀香山興中會誓詞可信性。

劃。而對於發展方向，則竟付闕如。[26]相對而言，香港興中會總會已成為一具有革命理念及實踐的革命團體。進而言之，檀香山興中會章程，雖成立職員會，推動會務，但可見之活動，規定每週週四晚，須有正、副主席其中一人赴會，始可集會，則顯示其組織鬆散，性質較像一議政俱樂部。難怪學者認為香港總會之成立，興中會才具重要性及歷史意義。[27]

新成立的香港興中會總會，首要即為策動起義，是為乙未廣州之役。故香港興中會總會實為近代中國革命運動中首具革命性質之革命團體。除由孫中山潛入廣州，於雙門底王家祠雲岡別墅，設立「農學會」，藉以掩飾其革命意圖，是為廣州興中會分會之首設。及至策動乙未廣州之役失敗，孫中山、陳少白、鄭士良逃難日本，於橫濱成立興中會分會；陳少白則至台北成立臺灣興中會分會；楊衢雲則於約翰尼士堡及彼德馬尼士堡成立南非興中會分會。而孫中山進而聯絡三合會，長江會黨哥老會，合組興漢會；繼於河內及舊金山亦分別成立分會。由此可見亞、非、美洲各地相繼成立興中會分會，此皆由香港興中會總會成員四出活動而建立者。而香港興中會總會雖非首創，然卻為致力於革命之最先革命團體，其重要性於此可見。難怪馮自由說：「香港為我國革命黨人之策源地」。[28]（表一）

---

[26] 黃彥，〈興中會研究述評〉，頁314-315，有學者甚而指出香港興中會總會宣言、章程已微露三民主義的革命思想。

[27] 〈檀香山興中會宣言〉，《革命文獻》，64輯，頁2；Marie-Claire Bergère, op. cit., p. 51.

[28] 馮自由，《華僑革命開國史》，頁1、4、31-41、49-50、61-62、117-118。

表一　興中會之革命團體表

名稱	地點	時間	主持人	宗旨及活動
檀香山興中會	檀香山	1894	孫中山 劉祥 何寬	振興中華，挽救危局，募集經費及軍事培訓，響應國內起義
香港興中會總會	香港中環士丹頓街13號乾亨行	1895	孫中山 楊衢雲 黃詠商	振興中華，維持國體，策動1895年乙未廣州之役
廣州興中會分會	廣州雙門底王家祠雲崗別墅農學會	1895	孫中山 陸浩東 鄭士良	以研究農學，振興農業為名，實際上乃革命機關，吸收會員，運動會黨，並添設分機關，如東門外鹹蝦欄張公館，策動起義，是為乙未廣州之役
橫濱興中會分會	日本橫濱山下町175番	1895	馮鏡如 馮紫珊 譚發	資助革命，收容乙未廣州之役失敗同志
南非興中會分會	約翰尼斯堡、彼得馬尼斯堡	1896	黎民占 霍汝丁	資助革命
台灣興中會分會	台北	1897	陳少白 楊心如 容祺年	無所表現
香港中國日報社	始設士丹利街24號	1899	陳少白 李紀堂 鄭貫公	革命黨組織言論機關之元祖，1900年惠州之役大本營

興漢會（香港革命黨聯合總會）	香港中國日報社	1899	孫中山畢永年鄭士良	為興中會、三合會、哥老會聯合組織，共推孫中山為總會長，密謀起義
和記棧	中環德忌笠街20號4樓	1902	謝纘泰李紀堂洪全福	以逐滿興漢為宗旨，策動1903年大明順天國廣州之役
河內興中會分會	河內保羅巴特街20號隆生洋服店	1902	孫中山黃隆生楊壽彭	1905年改組為同盟會
舊金山興中會分會	美國加州	1904	孫中山鄺華汰	革命籌餉

資料出處：李金強：《一生難忘——孫中山在香港的求學與革命》，頁126。

　　其二，宣傳。香港興中會總會章程第三條，早已說明「設報館以開風氣」，及至孫中山於倫敦蒙難，由於英國報章報導，建立其革命英雄形象，得以聞名於世，繼見康、梁保皇黨人辦報，鼓吹保皇而生成效，留下深刻印象。[29]此外，香港為近代中國華文報紙首開風氣之地區，如黃勝主編《中外新報》、陳靄廷編刊《華字日報》、王韜創刊《循環日報》。孫氏對後二報宣傳革新言論，有所認識。[30]1899年同於日本的陳少白，向

---

[29] 邵銘煌，〈香港中國日報在革命史上的地位〉，《革命開國文獻》，2輯，史著一，頁270-275。孫中山因倫敦蒙難而建立其英雄形象，可參J. Y. Wong (黃宇和), *The Origins of An Heroic Image: Sun Yatsen in London 1896-1897* (New York: Oxford University Press, 1986), pp. 57-63.

[30] 吳倫霓霞，〈香港反清革命宣傳報刊及其與南洋的聯繫〉，《中國文化研究所學報》，19卷（1988），頁410。

孫氏建議回港辦報，藉文字以鼓吹革命，獲孫氏同意。[31]並藉曾協助菲律賓革命黨人購買軍火所獲贈款，於橫濱購買印刷機器，付運至香港，支持陳少白在港辦報。1900年1月下旬，租得港島士丹頓街24號（今香港陸羽茶室）為報社，亦成為日後武裝起義的機關。遂創辦《中國日報》，乃以「中國者中國人之中國」為該報命名，該報由是成為革命黨人辦報宣傳革命言論之「元祖」，為清季革命報刊之始起，亦為興中會及同盟會時期革命黨的重要革命喉舌。[32]

創辦之始，由陳少白出任社長及編輯；至1906年始由馮自由繼任；1910年交由南方支部主理。1911年廣東光復，該報由香港遷至廣州，至1913年為龍濟光所封禁而結束，前後13年。其間經費主要由香港商人李紀堂及李煜堂等人出資支持，得以維繫。先後參與該報之編輯，較著者如洪孝允、陳春生、鄭貫公、陳詩仲、黃世仲、廖平子等人。該報刊行，初為每日出紙兩張，後增至六頁；一改舊式排印的長行直行，而仿效日本報紙格式，以橫行短行排印，令讀者耳目為之一新。除日刊外，尚發行十日刊一種，稱《中國旬報》，以「遊戲文章、歌謠，譏刺時政」。並首創戰地記者制度，報導黨人之歷次武裝起義，如萍鄉之役，安慶之役及鎮南關之役等。開辦之初，鑑於香港為英國殖民地，未敢公然倡論革命排滿，半年後，言論轉趨激進，由是引起中外人士注目。[33]綜觀該報之言論，於興

---

[31] 陳少白，《興中會革命史要》，頁36。

[32] 陳三井，〈香港中國日報的革命宣傳〉，《革命開國文獻》，2輯，史著一，頁256-258、268。

[33] 馮自由，《華僑革命開國史》，頁8-10；吳倫霓霞：〈香港反清革命宣傳報刊及其與南洋的聯繫〉，頁411-412，指陳少白長於國學，洪孝允乃舊學出身，曾任職

中會時期在於宣傳革命，攻擊保皇黨，揭露滿清腐敗。其後隨着革命風氣日開，武裝起義前仆後繼，言論遂轉入激烈。隨着人心轉向革命，該報亦日見發展，不獨為華南粵港地區革命言論之光，並見其影響海內外革命同志，此即陳少白所謂「聞風興起，同主義之報林立」。[34]

其中尤以東京和上海兩地成為黨人辦報宣傳革命之兩大中心，其次則為香港、橫濱。除此四大革命宣傳中心外，國內浙江、安徽、湖南、湖北、廣東、雲南、貴州、福建等省，亦相繼而起。海外尚有檀香山、舊金山、南洋、歐洲等地，均有報刊宣揚革命。清季革命思潮由是傳播益廣益深。[35]凡此種種，皆可見《中國日報》在清季革命運動輿論陣地中所居的開創地位，堪稱「文字收功日，全球革命潮」。[36]該報記者陳春生評價該報：為以「鑿山開道」宣傳革命，最終促成革命之成功。[37]

其三、起義。香港興中會總會成立後，立即選出會長黃詠商，並捐出八千元作為經費，遂策劃首次廣州起義。計劃乃由孫中山進入廣州部署，而楊衢雲留港負責後勤，招募起義隊伍、購買軍火及輸送起義伍進入廣州。於起義前夕，由於黃詠商辭職，再行推選楊衢雲擔任會長，並策動乙未廣州之役，可

《循環日報》，而鄭貫公則早年留日，於該報介紹歐美自由、平等、人權新說、充實內容。

[34] 陳少白，《興中會革命史要》，頁62。

[35] 張玉法，〈興中會時期的理論與宣傳〉，《辛亥革命史論》（台北：三民書局，1993），頁294-311；蔣永敬，〈興中會時期革命言論之演進〉，《革命開國文獻》，2輯，史著一，頁203-220。

[36] 馮自由，〈開國前海內外革命書報一覽〉，《革命逸史》，3集，頁139。

[37] 陳春生，〈陳少白先生與香港中國日報及中國日報與中國革命之關係〉，《革命文獻》，64輯，頁171。

惜失敗，孫中山、陳少白、鄭士良等人遂退返香港，再逃難至日本。[38]由此可見首次起義，已確定廣州為起義目標。[39]而香港自此遂成為清季革命運動的「大本營」，於此進行策劃、籌款、購買軍火、輸送革命隊伍進入起義地點，失敗後則退返香港。此一由香港興中會總會策動革命的起義模式，此後，分別見之於興中會時期之1900年庚子惠州之役，1903年壬寅廣州之役；同盟會時期1907-1908年粵、桂、滇三省邊區起義之黃岡之役及惠州七女湖之役；以至1910年廣州新軍之役，1911年3‧29廣州之役，無不以上述模式進行。[40]

第四節　結論

清季自1895年由孫中山起而倡導革命，成立興中會，成為近代中國革命運動的首起革命團體。其創設地點，一度因鄒魯提出為澳門之說，引起黨史學者的爭議，然終以創於檀香山而成定論。隨着清廷於內憂外患之持續，國勢日漸凌替，清王朝威信漸失，海內外具有愛國及新思想的華人，相繼起而投身革命，終於推翻滿清。其間革命黨人之重要活動地點，包括香港、廣州、澳門、檀香山、日本（橫濱、東京）、河內、星加坡、檳城、上海以至武漢各地。其中廣州被稱為革命策源

---

[38] 李金強，《一生難忘：孫中山在香港的求學與革命》，頁113-116。

[39] 孫中山，〈與宮崎寅藏等筆說〉，《孫中山全集》，1卷，頁183-184，認為廣東為起義地點，乃因「人地合宜」，且「利於接濟」。

[40] 李金強，《一生難忘：孫中山在香港的求學與革命》，頁116-160。

地，[41]日本被視為革命運動之搖籃，[42]武昌被視為辛亥革命首義之地，[43]然香港則如本文文首所言為近代中國革命運動的起源地，此即與香港興中會總會的創立，具有一定關係。就本文對香港興中會總會的研究，可見該會雖非興中會之首創，但卻為近代中國革命運動中首具革命性質的革命團體；繼而創刊《中國日報》，為中國革命報刊之始；而其所策動之武裝起義──乙未廣州之役，更為革命黨策動武裝起義之第一次。凡此皆可見香港一地在近代中國革命運動中先拔頭籌的角色。此後孫中山於興中會及同盟會時期所策動之華南邊區武裝起義，香港由於地處華南海口，遂成為起義之基地，擔任策劃，輸送黨人及軍火，進入廣州、潮惠、欽廉等地起義。促成革命風潮迭起，最終導致辛亥武昌起義之成功，此即「香港模式」武裝起義之所由生。稍後，將以三・二九廣州黃花崗一役為例證說明之。而香港亦由此被譽為「中國國民革命的搖籃地」，[44]而成為辛亥革命史上的「首章」。[45]

---

[41] 廣東號稱革命策源地，參馮自由，〈廣東戲劇家與革命運動〉，《革命逸史》，2集，頁237；丁身尊，〈烽火遍南粵，歡躍迎光復──記廣東地區的辛亥革命運動〉，《辛亥革命在各地》（北京：中國文史出版社，1991），頁223。

[42] John C. H. Wu, Sun Yat-sen - The Man and His Ideas (Taipei: Commercial Press, 1971), p. 148.

[43] 章開沅、林增平，《辛亥革命史》（北京：人民出版社，1981），下冊，頁1。

[44] 陸丹林，〈總理在香港〉，《中華民國開國五十年文獻》（台北：正中書局，1963），1編9冊，頁108-109。

[45] 馮自由，〈香港同盟會史要〉，《革命逸史》，3集，頁227。

中山先生與港澳

第六章　港澳同盟會的成立及其活動

自革命同盟會成立之後，予之希望，則為之開一新紀元。
——孫中山：〈有志竟成〉

　　1905年孫中山於東京創設中國同盟會，隨即於國內外成立分會、支部，共同為推翻滿清政府而努力。其中香港一地，於同年孫中山派遣馮自由、李自重，至香港、澳門、廣州三地發展。首先於香港成立同盟會分會，翌年於澳門成立分支機關，是為樂群書室，然未見發展，故澳門在革命史上地位，難與香港相比。[1]至1909年及1911年，又分別成立南方支部及統籌部，成為發動邊區武裝起義的「大本營」，以至於光復廣州，可見香港於清季革命運動中扮演重要角色。事實上，香港自1895年後，對於清季革命運動中於革命思想孕育、革命團體組建、武裝起義及暗殺活動部署、革命經費籌措、革命宣傳發動、購運起義的軍火，以至於輸送及撤退起義軍，作出重要貢獻。就澳門而言，亦見寓澳鄭觀應的改革思想及澳門的現代化市政，同對孫中山革命思想產生影響。而其好友飛

---

[1] 馮自由，《華僑革命開國史》，頁116，認為澳門在中國革命史上地位並不重要，又何偉傑近日就此重新審視澳門之角色，認為黨人能於市區建立革命據點，並成失敗黨人及孫中山家屬的避難所，仍有其作用。參何偉傑，《澳門與中國國民革命研究：1905年至1926年》（香港中文大學歷史系博士論文，2009），頁18-19、32-36。

南第（Franacisco H. Fernandes）創辦葡文版的《澳門回聲報》（Echo Macanenese）、中文版《鏡海叢報》，及賭王盧九父子，均對孫中山的革命伸出援手。[2]

　　然而上述港澳兩地的革命作用，其最終目的皆在於策動武裝起義。然乃以香港為重心，此因澳門同盟會之發展斷續，未能結集本土之革命力量，故仍唯香港同盟會馬首是瞻。事實上香港自興中會時期，早已策動1895年乙未廣州之役、1900年庚子惠州之役以及1903年壬寅廣州之役。已成為清季革命運動武裝起義的策源地。[3]及至1905年同盟會成立後，孫中山於華南及西南各地發起「邊區革命」的歷次起義，除西南諸役轉以河內為基地外，香港仍為其主要基地，從事部署及進行起事。香港由是於同盟會時期邊區革命中扮演「策動」的角色，深值關注。[4]

[2] 霍啓昌，〈香港在辛亥革命成功中作用的研究〉，《辛亥革命與近代中國》（北京：中華書局，1994），上冊，頁487-502；《港澳檔案中的辛亥革命》（香港：商務印書館，2011），頁39-99。盧九之子怡若加入革命黨；並參羅立德，〈國父與盧怡若〉，《台北新生報》，藏台北黨史會，一般檔案，081/103；盧九父子及飛南第之生平及支持孫中山，參李長森：〈盧九父子與土生葡人飛南第家族〉，林廣志、呂志鵬編：《盧九家族與華人社會學術研究研討會論文集》（澳門：民政總署，2010），頁143-155。

[3] 吳倫霓霞，〈興中會前期（1894-1900）孫中山革命運動與香港的關係〉，《中央研究院近代史研究集刊》，19期（1990），頁215-234；李吉奎，〈香港──近代中國早期革命運動之策源地〉，《孫中山的生平及其事業》（廣州：中山大學出版社，2001），頁3-18。

[4] 霍啓昌，〈香港與辛亥革命〉，余繩武、劉蜀永編，《20世紀的香港》（香港：麒麟書店有限公司，1995），頁60-63。

第一節　香港同盟會分會的成立

　　自1905年東京同盟會成立後，東京黨人相繼回國或至海外，成立分會、支部。其中尤以香港、星加坡、及河內所成立的分會及支部，最為重要。翌年編定《革命方略》，作為黨人軍事行動的指引。而孫中山及其同盟會的「新同志」，包括兩湖華興會的黃興（1824-1916）、宋教仁（1882-1913）；浙皖光復會的章炳麟（1869-1936）、陶成章（1877-1911）；廣東籍的胡漢民（1879-1936）、汪精衛（1883-1944）、廖仲凱（1877-1925）、朱執信（1885-1920）及馮自由；福建籍的林文（時塽，1877-1911）、方聲濤、方君瑛等人；均為同盟會時期武裝起義及暗殺活動的重要參與者。上述黨人除廖仲凱及馮自由出身華僑外，餘皆出身於傳統士紳家庭或具有功名者，與興中會時期會員出身，以粵港為主的新知識分子、華僑商人、工人及會黨，明顯有別。[5]此外，同盟會會員仍以廣東省籍人數最多，此亦為孫中山取得領導權力的重要基石。[6]而

---

[5] Marie-claire Bergère, Sun Yatsen, pp. 143-146; 同盟會廣東省成員的分析，見 Edward J. M. Rhoads: China's Republic Revolution: The Case of Kwangtung 1895-1913 (Cambridge: Harvard University Press, 1935), pp. 100-104; 鄭憲，《同盟會：其領導，組織與財務》（台北：近代中國出版社，1985），頁115、118-119。鄭氏指出，林文與黃興同屬支持武裝起義的激進派，而方聲濤與方君瑛兩姊弟，分別出任同盟會執行部的軍事科及暗殺科；興中會會員的出身，參馮自由，〈興中會會員人名事跡考〉，《革命逸史》，4集，頁25-65；張玉法，《清季的革命團體》，頁180-200。

[6] 張玉法，《清季的革命團體》，頁343-351、355-356。張氏透過對同盟會會員省籍分析，指出來自17省的重要幹部106人中，廣東佔16人，居首位。1905-1906年會員名冊中共964人，廣東佔161人，亦居17省之首。又現存緬甸同盟會會員名單，

孫中山於香港、星馬、越南一帶策動的粵東、西南邊區武裝起義，即以上述人脈為基礎，逐漸開展。

就香港一地同盟會的成立而言，據1905年《中國同盟會章程草案》第7條，規定「暫設本部於東京，漸次設分會於內地及歐美各部」；翌年改訂之《中國同盟會總章》（4月13日）第15及第16條規定，國內設東南西北中五支部和按省成立分會；國外設南洋、歐洲、檀島、美洲四支部。其中國內南方支部設於香港，負責雲南、廣東、廣西、福建四省。[7]故隨即成立香港同盟會分會，南方支部及統籌部。

香港同盟會的成立。同盟會東京本部組成後兩週，孫中山於9月8日委任馮自由及李自重二人為同盟會主盟人，負責組織香港、廣州、澳門等地的分會工作。又李氏為香港四邑富商李煜堂之子，馮自由為其妹夫。[8]馮氏抵港後，首先聯同李

2,343人中，廣東籍共1,400人（60.2%），居首位，而福建籍為844人（35.5%），居次位。

[7] 同盟會章程草案及總章，見於孫中山、許師慎編，《國父革命緣起詳注》，頁93-99，草案為廣東省分會長何天炯所藏。又同盟會國內外支部及分會成立的實際情況參張玉法，《清季的革命團體》，頁324-336；並參李雲漢，〈同盟會與辛亥革命〉，《中國近代現代史論集》（台北：商務印書館，1986），17編上，頁379；又參周興樑，〈武漢起義前同盟會在國內的活動和鬥爭〉，《紀念辛亥革命七十周年青年學術討論會論文選》（北京：中華書局，1983），上冊，頁256-257。同盟會各地革命團體並未依規定成立，分別命名為支部、分會、分部等稱謂，而無嚴格的從屬關係，甚而各自發展。

[8] 馮自由，〈香港同盟會史要〉，《革命逸史》，3集，頁228-229。李自重生平，見馮自由，〈興中會會員人名事跡考〉，《革命逸史》，4集，頁60-61。李自重，〈從興中會至辛亥革命的憶述——李自重回憶錄（遺稿）〉，《廣東辛亥革命史料》，頁211-218。1904年東京青山學校結束，就讀該校的李自重，遂離東京返回香港，與陳少白聯絡。並於九龍城開光漢學校，推動兵操，宣揚革命。翌年受命孫中山與馮自由負責省、港、澳革命工作。

自重、陳少白、鄭貫公等籌備成立香港分會，透過改組興中會而成立同盟會，稍後新舊同志相繼支持入會。[9]10月7日孫中山至西貢籌款，所乘法郵輪途經香港。馮自由、陳少白、李自重、鄭貫公、李紀堂、黃世仲等人登船面謁，並由孫氏主持加盟宣誓儀式，興中會會員加入者，亦須重新填寫誓約。10月16日香港同盟會分會正式成立，根據會章，推選陳少白為會長，鄭貫公任庶務，馮自由任書記，黃世仲任交際。而會址則設於新遷至德輔道中301號的《中國日報》社社長室，負責西南各省之軍務、黨務以及南洋、美洲各地的交通事務。[10]為東京本部以外首設的地方分會。

香港同盟會分會成立後，歷經三任會長，分別為陳少白（任期1905-1906），馮自由（1906-1910），謝英伯（1910-1911）。其中陳氏參與創立興中會，開設臺灣分會，促成1899年興漢會的組成，1900年創辦《中國日報》，遂以元老資格出任首任會長。[11]馮自由，原名懋龍，父鏡如為橫濱興中會會長，於14歲加入該會，先後就讀於「大同學校」及東京專

---

[9] 馮自由，《華僑革命開國史》，頁15。

[10] 馮自由，〈香港同盟會史要〉，頁229；《中國革命運動二十六年組織史》（上海：商務印書館，1948），頁97-98；羅家倫主編，《國父年譜》，頁229；並參譚永年、甄冠南編，《辛亥革命回憶錄》（香港：榮僑書店，1958），上冊，頁263-264。則謂原訂10月20日宣佈成立分會，然因孫中山乘郵輪過港至西貢，故於期前舉行簡單而隆重的儀式。

[11] 鍾榮光，〈陳少白先生傳〉，陳德芸，〈陳少白先生年譜〉，《中華民國開國五十年文獻》（台北：正中書局，1963），1編10冊，頁508-515，興漢會的誕生，參上村希美雄、陳鵬仁譯，《近代中日關係史論（一）》（台北：五南圖書出版公司，2000），頁205-277。陳少白與《中國日報》的創辦及發展，參吳倫霓霞，〈香港反清革命宣傳及其與南洋的聯繫〉，《中國文化研究所學報》，19卷（1988），頁410-415。

門學校（早稻田大學前身）。1900年後參與東京「廣東獨立協會」，「支那亡國紀念會」及「青年會」等反滿團體的籌設；並為《開智錄》、《國民報》發刊人之一。為二十世紀上半葉留東革命風潮的新世代。1905年加入同盟會，被孫中山委任為同盟會於港粵澳三地的主盟人，回港活動，又因娶妻自平而為李煜堂女婿，遂與本港產生關係。[12]故得以出任會長一職。1910年馮氏離任前赴溫哥華，受聘於當地之《大漢日報》，遂由原任《香港東方報》記者的黨人謝英伯（1882-1939）接任。謝氏原籍廣東梅縣，出身暹羅歸僑，肄業香港中央書院，就讀時認識陳少白，並投稿《中國日報》，此後投身新聞及教育工作，遂具反清思想。1907年由族兄謝已原介紹，馮自由主持加盟，成為香港同盟會成員，並被委任為主盟人，吸納同志甚多，其中對澳門同盟會機關的成立，扮演重要角色。至1910年出任會長，並以潘達賢、陳自覺等為幹事，先後參與廣州新軍之役及三・廿九黃花崗之役。其間謝氏且曾參與「支那暗殺團」，刺殺廣東水師提督李準不遂，而一度逃赴檀香山，遂由陳逸川代理會長。[13]三任會長，以陳氏為創會會長，而馮氏任職會長最長，貢獻最多。

馮自由出任會長後，時人謂馮氏有才有勇且人緣較佳，並獲李煜堂、李自重父子的支持，得以施展其才。香港同盟會分

---

12 馮自由的生平，〈興中會會員人名事跡考〉，《革命逸史》，4集，頁47，並參簡又文，〈馮自由〉，《革命人物誌》（台北：中國國民黨黨史會，1969），6集，頁162-176；譚永年、甄冠南編，《辛亥革命回憶錄》，上冊，頁257-260。

13 謝英伯，〈人海航程〉，〈謝英伯〉，《革命人物誌》，19集，頁291-292、298-302、318-329。馮自由，〈謝英伯之鼾聲〉，〈香港同盟會史略〉，《革命逸史》，2集，頁265-266；3集，頁247。

會的發展，進入「革新階段」。[14]時會址仍設於《中國日報》社內。馮氏遂以香港一地自由港的地緣優勢，並結合港、澳兩地及海外華人的人力、財力，起而支援孫中山所推行的邊區革命，並與黃興、胡漢民、許雪湫，共同策劃，於粵東策動潮州之役（1907年2月19日）、黃岡之役（1907年5月22日）、惠州七女湖之役（1907年6月2日）。並為西南邊區所策動的欽州防城之役（1907年9月4日）、欽廉上思之役（1908年3月27日），提供經費與軍火，[15]謀求推翻滿清政權。

第二節　南方支部及統籌部的成立

南方支部的成立，乃因應香港同盟會的發展而至。原來香港同盟會參與策動邊區革命，其中以1907至1908年間起義最為頻密。邊區革命主要共分兩線進行：其一以香港為基地，策動廣東潮、惠起事；其二則以河內為基地，策動滇、粵、桂三省西南邊地起事，然均告失敗。[16]自1908年雲南河口之役失敗後，同盟會遂停止武裝起義約一年半，處於調整階段。時孫中山由於受到越南、日本及香港等地政府的驅逐，皆不能自由居住，故前赴歐美漫遊，從事籌款及發展組織，將國內革命事務委託於黃興、胡漢民二人。[17]而香港方面，由於接待越南、

---

[14] 譚永年、甄冠南編，《辛亥革命回憶錄》，上冊，頁285-290。

[15] 李金強，《一生難忘：孫中山在香港的求學與革命》，頁150-156。

[16] 羅家倫主編，《國父年譜》，頁264；又邊區革命，參沈奕巨，〈論孫中山親自領導的西南邊境武裝起義〉《孫中山研究論文集1949-1984》（成都：四川人民出版社，1986），上冊，頁245-262。

[17] 孫中山、許師慎編，《國父革命緣起詳注》，頁158。

157

第六章　港澳同盟會的成立及其活動

廣東及南洋各地同志，事務日見繁重，漸有不支之感。[18]隨著
1908至1909年，香港同盟會分會擴大招納會員，人數不斷增
加，「各地黨勢日盛」，已非分會組織所能承擔，遂計劃調整
組織架構，是為南方支部之成立。[19]

　　至1909年8月下旬，遂議決創立南方支部。香港分會依舊
主持香港及澳門兩地會務。南方支部則全權負責統籌華南各省
黨務、軍事、宣傳、聯絡及一切前線工作。在策動武裝起義
時，則由南方支部負責整個軍事行動的策劃，香港分會則負責
經費籌募。會中更訂立了南方支部組織架構，繼而選出由胡漢
民任支部部長、汪精衛任書記、林直勉任司庫，設會址於灣仔
鵝頸橋。支部的組織尚另設實行委員，共分三組，包括籌款組
之李林甫、林直勉及莫紀彭；軍事組之胡毅生、洪承點等；宣
傳組之林時塽、朱執信及陳炯明，總計不出十人。[20]香港分會
會長仍由馮自由擔任，以荷里活道中國日報社為會址。經過
是次擴大黨務及組織南方支部，使香港與海內外革命黨的人
事、物資等各方面得以整合，並能有效地靈活運用，彼此互相
配合。9月中旬，孫中山及東京本部公認南方支部，並力讚此
為高明決策，南方支部由是正式成立。支部經費方面由香港會
員負責，林直勉、李海雲傾財以助，貢獻最多；胡毅生赴荷屬

---

[18] 譚永年、甄冠南，《辛亥革命回憶錄》，下冊，頁139-140、157。河口之役失敗同
　　志，於東京《民報》被封後，革命同志均先後到港。而兩廣及南洋同志亦至，香港
　　分會漸感吃力。

[19] 馮自由，〈香港同盟會史要〉，頁242-244；南方支部成立原因，並參周佳榮，
　　〈香港同盟會與清季革命運動〉，頁264-265。

[20] 莫紀彭，〈同盟會南方支部之幹部及庚戌新軍起義之回顧〉，《辛亥革命史料選
　　輯》（長沙：湖南人民出版社，1981），上冊，頁322；馮自由，《中國革命運動
　　二十六年組織史》，頁199。

南洋地區籌款，鄧澤如則在英屬南洋地區籌募，[21]計劃起事。是為1910年初的廣州新軍之役。

統籌部的成立。1910年2月香港南方支部所策動的廣州新軍之役雖告失敗，然黨人並未氣餒，時孫中山認為「今日吾輩雖窮，而革命之風潮已盛，華僑之思想已開」。[22]故主張再接再厲，遂於1910年邀黃興、趙聲、胡漢民等至庇能（Penang，即今馬來西亞檳城）召開會議。是次會議達成一項決議，再次於廣州發動起事。並於1911年1月12日回港，建立香港統籌部主持其事。統籌部由黃興及趙聲分任正副部長。統籌部屬軍事性質。故另設軍事指揮部，趙聲被選為總指揮，黃興則選為副總指揮，行政及軍事權力的劃分，實施雙重領導。而統籌部其他行政人員則從南方支部內部調配。統籌部設秘書、調度、編制、出納、調查、儲備、交通及總務等八課，每課設一課長。胡漢民任秘書，掌一切文件；姚雨平任調度，專司軍隊的聯絡，負責運動新軍、防營起義；陳炯明掌編制，負責草擬訂定各種軍事編制及規則；李海雲任出納一職，掌出納財務；羅熾揚任調查，負責收集情報，偵測敵情；胡毅生主管儲備，購運軍械；趙聲主交通，負責聯繫江、浙、皖、鄂、湘、桂、滇、閩各省同盟會機關；最後則由洪承點負責總務。課長中除趙聲、洪承點為外省人士，其餘六人均屬廣東人。總部設於跑馬地35號，另於中環擺花街設實行部。並派喻培倫、李應生等

---

[21] 胡漢民，〈胡漢民自傳〉《辛亥革命史料選輯》，上冊，頁190。莫紀彭，同上註，謂林直勉為富家子，其時剛承受遺產，並以所得之半，支持建立南方支部；譚永年、甄冠南，《辛亥革命回憶錄》，下冊，頁161-162。

[22] 孫中山、許師慎編，《國父革命緣起詳注》，頁155-156。

人分設機關多處，專製炸彈以備發難及暗殺之用，至3月初旬遷往廣州甘家巷。[23]李煜堂、李文啟及李海雲於文咸東街所開辦的金利源藥材行，則傳達海外革命同志來往函電，及接受起義匯款，附設在該行二樓李海雲所辦的遠同源外匯莊則儲藏軍械。[24]而香港統籌部能夠成功建立，乃因黃興及趙聲二人的影響有以致之，1911年4月27日終於發動了著名的三‧二九黃花崗之役。

　　南方支部的成立，是為同盟會發展的轉捩點，而統籌部則為其接續。兩部先後籌組香港及海內外同盟會的人力物力，再次推行邊區革命策略，以廣州為目標，成為武裝起義的指揮部。先後運動廣州新軍及三‧二九兩役，促成辛亥前夕革命風雲密佈，而最終導致武昌起義的成功。而廣東亦隨之光復，此即南方支部胡漢民及朱執信等人計劃下，分別於廣州、東江、北江、西江和韓江等地組織民軍，策動起義。繼而於武昌起義後，進逼省城廣州。促成廣東地方當局，宣布和平獨立，並由胡氏出任軍政府之都督，廣東由是光復。難怪黨人莫紀彭慨而言之：「人們總是承認的，有了三月廿九之役，然後有了中華民國；人們尚可承認的，有了新軍之役，然後有了辛亥三月廿九一役；人們更可知道的，有了南方支部，然後

---

23 馮自由，〈香港同盟會史要〉，頁248；《中國革命運動二十六年組織史》，頁221-222、232-233；鄭憲著、陳孟堅譯，《同盟會：其領導、組織與財務》，頁260-261。又喻培倫留學日本，習化學、醫學，精於炸藥，發明製造炸彈之法，世稱「喻氏法」，參章炳麟，〈喻培倫大將軍傳〉，〈李福林革命史料〉，《革命人物誌》，5集，頁472-474，12集，頁76-77。
24 馮自由，《中國革命運動二十六年組織史》，頁202-203。

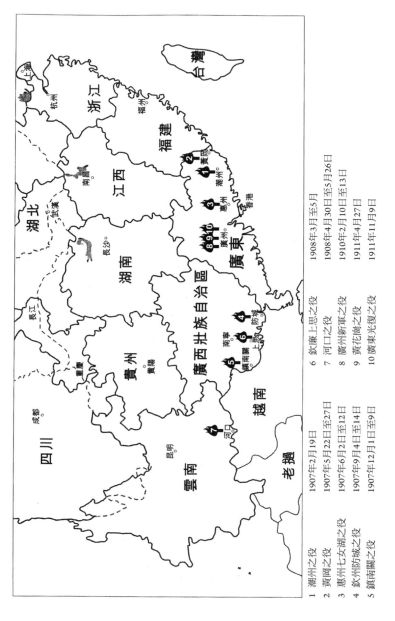

圖一　香港同盟會及南方支部的邊區武裝起義圖（引用自李吉奎：《一生難忘：孫中山在香港的求學與革命》，頁166）

1 潮州之役　　　　　1907年2月19日
2 黃岡之役　　　　　1907年5月22日至27日
3 惠州七女湖之役　　1907年6月2日至12日
4 欽州防城之役　　　1907年9月4日至14日
5 鎮南關之役　　　　1907年12月1日至9日

6 欽廉上思之役　　　1908年3月至5月
7 河口之役　　　　　1908年4月30日至5月26日
8 廣州新軍之役　　　1910年2月10日至13日
9 黃花崗之役　　　　1911年4月27日
10 廣東光復之役　　　1911年11月9日

第六章　港澳同盟會的成立及其活動

有了新軍之役⋯⋯」。[25]南方支部在辛亥革命成功所扮演之角色，於此亦可見一斑。（圖一）

第三節　從保皇到革命——澳門革命機關的成立

孫中山於1892至1893年間，於澳門行醫。分別於鏡湖醫院、仁慈堂右鄰及草堆街中西藥局行醫及義診，已於前述。[26]由於醫術高明，得以結識當地紳商，其中具有友誼而較著者如盧九、蕭瀛洲為煙賭巨商，「最稱頑固」；陳席儒、陳賡如兄弟，為檀香山僑領陳芳之子，「洋化而乏遠見」；何穗田（廷光）、吳節薇「均不贊成激烈之主張」，轉而支持改革，難以言「革命」。唯獨時常往來石岐、澳門及香港之間的同鄉陸皓東、楊鶴齡、楊心如叔侄等人可談革命。[27]

期間楊鶴齡於港澳均有物業，於乙未廣州之役後，定居澳門水坑尾巷14號，沉溺於鴉片，對革命貢獻不大。[28]於1898年戊戌變法前後，澳門成為康梁一派之「天下」，時康有為倡導維新，其弟康廣仁及其門生，群集澳門。並獲得紳商何穗田於經濟上大力支持，鼓吹改革，故何氏為維新派在澳門發展的推手。組織社團，如天足會、戒煙會、戒蓄婢會及閱書報社

---

25 莫紀彭，〈同盟會南方支部之幹部及庚戌新軍起義之回顧〉，頁320；廣東之光復，參李玉奇、張磊：〈廣東地區的辛亥革命運動〉，《辛亥革命史論文選》（北京：三聯書店，1983），下冊，頁728-741。

26 孫中山在澳門行醫地點考實，參黃宇和，《三十歲前的孫中山》，頁457-483。

27 馮自由，〈澳門華僑與革命運動〉，《革命逸史》，4集，頁75。

28 陳春生，〈楊鶴齡〉，《革命人物誌》，11集，頁66-70。莊政，《孫中山的大學生涯》，頁134-137，謂楊氏出資協助孫中山在澳門行醫開業及變賣祖屋支援革命。

等。又興學辦報，推行思想啟蒙。其中康氏門生陳子褒，開辦子褒學塾，後改稱灌根學校，提倡基礎教育及女學。而1897年又出版《知新報》，亦由何穗田與康有為之弟廣仁主其事，與維新派之上海《時務報》，湖南《湘報》，同為風行海內的報刊。上述維新派在澳門的種種活動，冼玉清形容為「雄雞一鳴，天下震動」。[29]（圖二）

圖二　何穗田（引用自盛永華、張磊：《辛亥
　　　革命與澳門》，頁45）

---

[29] 馮自由，〈澳門華僑與革命運動〉，頁75-76；冼玉清，〈澳門與維新運動〉，《廣東文史資料存稿選編》（廣州：廣東人民出版社，2005），頁619-621。又陳子褒的教育主張及在港澳兩地的辦學。參王齊樂，《香港中文教育發展史》（香港：波文書局，1982），頁210-224。

及至戊戌政變後，康有為、梁啟超逃亡海外，其家人弟子，亦相繼移居澳門避禍。而康梁則於海外從事勤王運動，1898年遂於加拿大成立保皇會，同年底基於澳門地近廣州，且為澳葡殖民地，而康、梁一派又早於澳門活動，故決定於澳門設保皇會總會，易於聯絡港、澳兩地區的力量。並由康門兩大弟子王覺任及徐勤主其事，而何穗田任財政，目的在於運動兩廣地區之勤王武裝起義。故該會在澳門之活動，包括網羅豪傑，組織勤王軍；收集海外華僑捐款，集資達40萬元；購運軍械，並策劃暗殺行動，以刺殺李鴻章及其幕僚劉學詢為目標。然最終因庚子唐才常自立軍起義失敗，兩廣響應的行動，亦胎死腹中。此外，又傳聞康梁中飽華僑捐款，內部發生矛盾，時何穗田已見灰心。及至支持維新，任職電報局會辦之經元善，於上海聯同紳商致電清廷，抗議廢黜光緒之「己亥建儲」，遂遭清廷通緝，逃至澳門被捕。康梁曾向何氏求助，望其拯救經元善而被拒。結果由謝贊泰請求港督卜力（Sir Henry H.Black）向澳督說項，經氏得以獲釋。至此，何氏與保皇黨脫離關係，澳門保皇會總會遂告結束。[30]

　　至1905年孫中山於東京創設中國同盟會，全國捲入革命風潮。時孫氏委派馮自由回港，與其在港之郎舅李自重合作，共同發展省港澳的革命力量，澳門遂得與清季革命運動同

[30] 馮自由，〈澳門華僑與革命運動〉，頁76；趙春晨，〈澳門保皇總會史事鈎沉〉，《嶺南近代史事與文化》（北京：中國社會科學出版社，2003），頁166-183；並參Tse Team Tai, The Chinese Republic: Secret History of the Revolution (Hong Kong, The South China Morning Post, 1924), pp. 17-18，清廷誣告經元善盜用電報局資金，故為澳門當局所拘禁。。

步發展。[31]

　　澳門革命運動之興起及推進，乃與香港同盟會分會及南方
支部的成立，具有密切關係。1905年香港同盟會分會成立後，
馮自由遂派劉樾杭、阮亦周二人至澳門，於荷蘭園和隆街21
號，設立樂群書室，為同盟會在澳門第一個根據地。以公開圖
書館形式吸納黨人，荷蘭園位於市區，乃華人富商聚居地，如
盧九私人花園──娛園，張心湖之別墅及楊鶴齡的寓所皆位於
此。可見以吸納上層華人為對象。然未見成功，稍後解散。其
間一度為從事暗殺活動的劉思復，於書室中試驗炸藥炸彈。可
見其初同盟會在澳的發展，不如理想。直至1908年始由留學日
本同盟會成員潘才華，經商之餘，於下環鵝眉街4號開辦培基
兩等小學堂，遂成謝英伯、劉君復等來澳宣揚革命之據點，始
稍見起色。而更值得注意者為盧九之三子盧怡若之加入，推動
澳門革命力量之發展。[32]

　　1909至1910年間，隨着香港同盟會參與策動的粵桂滇邊區
起義，相繼失敗，遂停止起義，進行黨員擴招。1909年南方支
部成立，負責統籌華南各省黨務、軍務。而香港分會，則負責

---

[31] 高良佐，《孫中山先生傳》（天水：甘肅人民出版社，2006，重印），頁130-
138、163-170；馮自由：〈澳門華僑與革命運動〉，頁76，謂1902年至1903年
間，黨人鄭貫公、劉恩復成立石岐書報社，早已計畫在澳門設分社，然未成事。

[32] 馮自由，〈香港同盟會史要〉，《革命逸史》，3集，頁228；〈澳門華僑與革命運
動〉，頁77，並參何偉傑，〈澳門與中國國民革命研究：1905至1926年〉（香港中
文大學歷史學歷史系哲學博士論文，2009），頁104-105、121-129、298；歐陽偉
然：〈伍員優蹇、卜式輸財──革命老人盧怡若〉，林廣志、呂志鵬主編：《盧九
家族與華人社會學術研討會論文集》，謂盧氏兒時已與行醫澳門的孫中山認識，後
於北京參加科考，結識康有為，1902年遊學日本，1907年至英國遊學，回澳後，與
謝英伯、林君復組建澳門同盟會分會等。及至廣州光復，且連同陳少白，楊西岩等
捐款支持軍政府。

主理港澳兩地黨務。南方支部由胡漢民出任部長。而香港分會，則至1910年，由於馮自由離港赴美，遂由謝英伯接任會長一職，並至澳門，展開相關活動。時南方支部已計劃策動廣州新軍起義，遂派劉君復、林君復、莫紀彭、鄭彼岸（又名岸父）諸人在澳門組織機關。[33]

謝英伯於1910年廣州新軍之役失敗後，繼而與劉師復、朱述堂、程克、高劍父（嶺南派畫家）、陳自覺、陳炯明、李熙斌等八人，於香港般含道16號組成「支那暗殺團」，謀炸水師提督李準，然亦告失敗。及至三‧二九黃花崗之役後，遂逃離香港至澳門，寓居於面臨大海，風景如畫的黑沙灣，成為「世外之人」，然不足一月，各方同志雲集澳門，謝氏遂起而於當地組織新機關。[34]

其一，濠鏡閱書報社，設於白馬行釣魚台之三層洋樓，由黨人劉君復出任社長，該社由盧怡若以紳商資格出面，取得立案，表面上募款捐書，供群眾借閱，實為接洽同志，徵收社員，吸納革命新血。由此可見香港黨員在澳門發展「分支」，仍以文教方式入手。（圖三）

其二，為澳門同盟會分會，設於下環鵝眉街南灣41號所租洋樓，秘密成立分會。其中以原屬三合會的澳門手車伕，加入最多。稍後謝英伯被派至檀香山，改由林君復繼任。重要

---

[33] 馮自由，〈澳門華僑與革命運動〉，頁77。

[34] 謝英伯：〈謝英伯先生自傳──人海航程〉《革命人物誌》，19集，頁313；支那暗殺團先後計劃暗殺攝政王載灃，廣州將軍鳳山及李準，結果炸死鳳山、炸傷李準，參李熙斌：〈記同盟會中一個暗殺團〉，《辛亥革命史料選輯》（長沙：湖南人民出版社，1981），上冊，頁266-273；馮自由：〈香港支那暗殺團成立始末〉，《革命逸史》，4集，頁202-212。

成員包括劉公裕、盧怡若、陳峰海、劉卓凡、陳卓平、林了依、梁倚神、劉大同等人。[35]其時澳門同盟會成員的主要活動包括：（圖四）

左：圖三　盧怡若（引用自盛永華、張磊：《辛亥革命與澳門》，頁69）

右：圖四　同盟會澳門分會——南灣街41號（引用自同上，頁66）

---

[35] 澳門同盟會機關之成立及活動，參謝英伯，〈謝英伯先生自傳——人海航程〉，《革命人物誌》，19集，頁313、322-329；又參趙連城，〈同盟會在港澳的活動和廣東婦女參加革命的回憶〉，《廣東辛亥革命革命史料》（廣州：廣東人民出版社，1981），頁91-92。趙連城為濠鏡閱書報社所吸納第一位女黨員，趙氏畢業於培基兩等小學堂，與該校6人加入同盟會分會後，並成立鋤異社，取誅鋤異族之意。並借此一小組向親友籌款，支持閱報書社經費。而澳門同盟會機關——培基兩等小學堂、濠鏡閱書報社及同盟會分會的始末，參何偉傑，〈澳門與中國國民革命研究：1905至1926年〉，頁107-146。

（1）宣傳革命：在港澳航線行駛的瑞安、瑞泰、泉州各港澳客輪上，由同盟會的買藥宣傳員，於船上賣藥之際，宣傳革命。或至培基兩等小學堂，演說宣傳，吸納學生入會。其中謝英伯，及港澳輪賣藥宣傳員，包括黨人區大球、王崎生、陳峰海、李醒凡、劉卓凡常至該校演說，該校學生日見革命化。或以戲劇形式宣揚革命，黨人認為報紙鼓吹，演說倡導，均未能深入民間，遂起而編寫戲曲唱本，組織劇社於各地開演，藉以鼓吹反滿。遂有「優天影劇團」，成立於澳門，粉墨登場，藉以寓革命於戲劇。[36]

（2）抗議活動：辛亥年春節，組織培基小學堂學生，至營地大街寶衡銀號，抗議懸掛大清龍旗。又鼓吹剪掉辮髮，如盧怡若、工程師劉公怡、牙醫劉大同，國民興書局司理鄧繼明等同盟會會員。繼而成立澳門華服剪辮會，鼓吹剪辮，同穿華服示範，促成剪辮者日多，顯示反清行動。

（3）密謀起義：三・二九黃花崗之役後，隨着內憂外患相繼而至，列強對中國邊省分頭侵略，清廷又無力肆應，革命形勢，日益緊迫。鄰近澳門之《香山循報》，指出其時「俄、法、德、日諸國，幾有攫中國之勢……。」而葡澳亦見擴張澳門地界，公然侵略我國主權，至有中葡勘界之舉[37]全國各省，反清

---

[36] 馮自由，〈廣東戲劇家與革命運動〉，《革命逸史》，2集，頁237-238、240。

[37] 李金強，〈密謀革命──1911年福建革命黨人及其活動的探析〉，《區域研究──清代福建史論》（香港教育圖書公司，1996），頁255-256。引文見黃健敏，〈香

革命武力逐漸結集。時各省均見黨人之異動，而廣東一省亦然，如廣總督張鳴歧所奏稱：「則順德、香山、新會、新寧等縣，匪勢皆極盛」。[38]此即廣州四鄰民軍之萌生。澳門同盟會分會，即在謝英伯領導下，亦開始結集反清武力。黨人陳自覺、林君復至香山一帶運動；由安南返港，再至澳門的黃明堂，被委任至四邑一帶運動。相繼成立香軍、明軍、順軍等反清武力，為同年參與辛亥光復廣州的革命民軍之所由起。[39]

及至辛亥武昌起義後，澳門同盟會召開會議，計劃策動香山起義。時由林君復至澳門鄰接的前山，運動當地之新軍；鄭彼岸則至石岐運動防營，又派人至小欖聯絡綠林，而林君復堂弟林警魂，則於澳門總機關負責籌餉，並由港澳運送軍火至香山縣城石岐。至11月2日首由小欖綠林李就成、伍順添起義，而前山新軍亦於11月5日響應，推舉任鶴年為司令，何振為副司令，光復前山，繼而進兵石岐。時各路人馬齊集，新任香山知縣覃壽堃不敢抵抗而投降，11月6日石岐光復。隨即得悉廣州於9日光復，遂將革命隊伍改組為「香軍」，仍由任、何二人為正副司令，莫紀彭出任參謀，進兵廣州，駐紮

山循報所見廣州三・二九起義前後的香山縣〉，《近代中國》，18期，頁23-24。

[38] 〈兩廣總督張鳴歧致內閣書〉，中國史學會主編：《辛亥革命》（上海人民出版社，1981，重印），7冊，頁256。

[39] 謝英伯，〈謝英伯先生自傳──人海航程〉，頁328-329。

於廣州西關，香山起義，前後四天成功，無疑為澳門同盟會之策劃有成，出師首捷，為澳門於清季革命運動中留下一項重要記錄。[40]

第四節　結論

綜觀港澳同盟會的發展，當以1905年香港同盟會分會成立為關鍵。歷經陳少白、馮自由、謝英伯的領導與策劃，繼而又成立南方支部與統籌部，匯聚海內外志士的人力、物力，支持孫中山策動粵東及西南的邊區革命，繼而進行1910年廣州新軍之役，1911年黃花崗之役及廣州光復之役，最終完成推翻滿清之革命目標。而屬於香港同盟會之分支——澳門，其初發展，未如理想，然經香港同盟會第三任會長謝英伯及黨人，先後過埠至澳門，發展黨務，漸具基礎。亦在當地成立樂群書室、培基兩等小學堂、濠鏡閱書報社，及同盟會分會等機關，以興辦文教為主，努力吸納同志，透過宣傳、抗議等活動，進行反清。最終策動香山起義，先拔頭籌，並參與辛亥廣州之光復。由此可見，港澳兩地之同盟會成員，乃以香港黨人為首，進入澳門活動，漸見成效。最終共同推翻滿清，完成復漢大業，而港澳地區同盟會及其黨人，無疑為清季革命運動中的重要推手。

---

[40] 鄭彼岸，〈香山起義回憶〉，《辛亥革命回憶錄》（北京：文史資料出版社，1981），2集，頁328-342；香山起義的戰鬥過程，參何偉傑，〈清末民初三場與澳門革命活動有關的武裝衝突〉，麥勁生主編：《中國史上的著名戰役》（香港：天地圖書公司，2012），頁190-207。

第七章　辛亥革命時期的港澳基地
——以革命軍火為例

備足軍火，暗入中國，襲奪一大名城。

——孫中山：〈與宮崎寅藏筆談〉

　　自孫中山、楊衢雲、黃興等人起而倡導革命，隨即於港澳兩地成立革命團體，此即香港興中會總會、香港同盟會分會及澳門同盟會機關之所由生。孫中山自興中會時期參與策動首次起義——乙未廣州之役，已種下其以廣東為發動地區的邊區革命主張，而鄰接廣東的香港與澳門，遂成為邊區革命的基地，而以香港為大本營。[1]就革命之武裝起義而言，無軍火不成事。其中港澳兩地為黨人購運革命軍火之淵藪，深值關注。[2]故就此探究興中會及同盟會時期港澳地區提供起義軍火之情況，藉以說明港澳雙城與孫中山策動邊區起義之關係。

---

[1] 孫中山主張邊區革命，參李金強，〈辛亥革命時期武裝起義的再探：香港、河内及武漢模式〉（辛亥革命與百年中國，2011年10月11至16日，武漢，未刊稿），頁14-16；大本營一詞，見馮自由，《華僑革命開國史》，頁1。

[2] 邱捷、何文平，〈民國初年廣東的民間武器〉，《中國社會科學》，1期（2005），頁183。指出清末康梁保皇會及革命黨人不斷透過港、澳地區輸送武器入粵，成為廣東民間武器泛濫原因之一。

第一節　粵港澳之革命與軍火

　　香港位於廣東南部珠江出口之東側。西向為相距120里之葡屬澳門，其北面則為相距280里的廣東省會——廣州，而與粵東汕頭之海程則相隔180浬。[3]自明清以降，隨著廣州由一口通商以至成為通商口岸（Treaty Port），香港亦於1842年開埠成為自由港，而葡澳政府，則稍後擅自將澳門宣佈為自由港。三地隨著中外貿易及文化交流，逐漸形成經濟與文化網絡而為珠江三角洲之核心地帶。[4]其中粵港兩地，關係尤為密切。廣州位於物產富饒珠江三角洲的中心點，而香港則為珠江出海的深水港，兩地通過人口流移，水陸航運交通及貿易互補，彼此交往頻繁，從而促進兩地的政治、社會、經濟及文化之不斷互動。[5]

　　時至清季，孫中山及華南地區（以粵、閩為主），具有基督教背景的新生代知識份子，如楊衢雲、陸皓東、陳少白、

---

[3] 賴連三，《香港紀略》（1931）（廣州：暨南大學，1997，重印），頁3。

[4] 吳松弟編，《中國百年經濟拼圖——港口城市及其腹地與中國現代化》（濟南：山東書報出版社，2006），頁67-102；鄭天祥，《以穗港澳為中心的珠江三角洲經濟地域網絡》（廣州：中山大學，1991），頁52-87。鄭德華，〈省港澳：近現代嶺南文化核心及其對外文化交流〉，《饒宗頤教授九十華誕國際學術研討會》（香港大學，2006年），頁5-12。

[5] 陳明銶，〈近代香港廣州的比較研究〉，《學術研究》，3期（1988），頁69-71，指出廣州為珠江三角洲腹地物資集散，而香港則為中外貿易的轉口港。張曉輝，〈20世紀上半葉的嶺南沿海港口與腹地〉，《廣州大學學報》，4卷10期（2005），頁52-53。參鄧頌、陸曉敏，《粵港關係史1840-1980》（香港：麒麟書業有限公司，1997）一書。又廣州與香港之密切關係，並參趙春晨，〈概論〉，李明主編，《近代廣州》（北京：中華書局，2003），頁12-13。

鄭士良、楊鶴齡、謝纘泰、何啟、區鳳墀、王煜初等起而組織興中會，密謀推翻滿清。[6]由於孫中山出生及成長於省港澳此一華南經濟及文化核心地帶，遂以此一地域作為革命活動的場地。[7]此即以香港為其基地，策劃起義，而以廣東省，包括省會廣州，粵東潮、惠及粵西與桂、滇鄰接等邊區為其起義目標，謀求於華南建立革命政權，繼而北取中原，恢復中華。此即為兩廣邊區革命的策略，[8]孫中山曾就此一革命策略作出說明，認為此乃廣東省「人地合宜」，且該省具有「急於聚人，利於接濟，快於進取」的有利革命條件。而其關鍵則在於軍火易於輸入，[9]蓋因其鄰接具有自由港及轉口港特質的英治殖民地香港。此外，葡屬澳門，亦因同屬自由港，亦為外來武器輸入華南的重要渠道。清季華南地區之社會動亂，與港、澳兩地軍火容易輸入具有密切關係，已為其時兩廣當局所熟知，故除嚴加查防外，並要求港英及澳葡協議禁運軍火，然成效不彰。

就香港而言，一直成為清季革命運動的軍火購運中心，革命黨人可由香港從外地購買軍火或自行製造，透過境外軍火偷運至香港收藏，再將其秘密運送至起義地點，完成革命

---

[6] Harold Z. Schiffrin, Sun Yat-sen and the Origins of the Chinese Revolution (Berkeley: University of California Press, 1970), pp. 41-45；梁壽華，《革命先驅——基督徒與晚清中國革命的起源》（香港：宣道出版社，2007），頁82-159；李金強，〈香港道濟會堂與清季革新運動〉，陳建明、劉家峰，《中國基督教區域史研究》（成都：巴蜀書社，2008），頁127-141；又參李志剛，〈閩賢楊衢雲對革命事業的貢獻及其與基督教的交往〉，《基督教與近代中國人物》（台北：宇宙光，2006），頁159-176。

[7] 李金強，《一生難忘——孫中山在香港的求學與革命》，頁44-48。

[8] 橫山宏章，〈孫中山的軍事戰略——邊疆革命與中央革命的比較〉，《孫中山研究論叢》，9集（1992），頁106-110。

[9] 孫中山，〈與宮崎寅藏等筆談〉，《孫中山全集》，1冊，頁183-185。

壯舉。[10]而澳門情況相近，除為孫中山及革命黨人之發展目標外，且每每成為廣東起義失敗後，黨人撤退回港假道之地。自乙未廣州之役失敗後，孫中山乃由廣州撤退回港，中間即假道澳門，並在飛南第協助下，始得回港，最為明顯。此外，自明清以降，澳門已成為西方武器輸入中國的重要港口，至清季，已成走私軍火入華的淵藪。據云共有50萬枝槍械，由澳門私運內地。故此澳門自然成為黨人私運軍火進入內地的中轉站。在1900年間，已有報導匪黨私運洋槍入澳。其時康、梁保皇黨計劃勤王起事，即在澳購運軍火，入粵起義，而革命黨亦然。事實上，清政府為阻止革命黨人透過港澳購運軍火，策動革命。曾向港、澳當局要求禁運軍火。綜觀港、澳兩地私運軍火至內地，藉以供應革命之所需，仍以香港為首要。[11]

第二節　興中會時期的革命軍火

武裝起義，除起義黨人外，尤需軍械。時香港採行自由貿易，外貿頻繁，華南一帶由於治安不靖，對軍械需求尤為殷切，香港遂成軍火走私之地。時港府已立例對軍械輸出的管

---

[10] 霍啓昌，〈香港在辛亥革命成功中作用的研究〉，《辛亥革命與近代中國——紀念辛亥革命80週年國際學術討論會文集》，頁488。

[11] 廣東省檔案局編：《廣東澳門檔案史料選編》（北京：中國檔案出版社，1999），頁372，兩廣總督張鳴歧稱：「澳門實為私運軍火奸商所巢窟，亟應重申禁令，從嚴查緝，凡有華洋輪船船隻駛入廣東、廣西所轄海港河道等處，務須遵照約章，恪守例禁，毋得將槍械軍火違禁輸送，如有此情，一經查悉，即行將船貨拘究充公」。趙春晨，〈澳門保皇會史事鈎沉〉，《嶺南近代史事與文化》（北京：中國社會科學出版社，2003），頁177。並參何文平：〈全球化的挑戰：清末澳門軍火與華南動亂〉，《學術研究》，4期（2010），頁129-135。

制，[12]而兩廣當局亦關注盜匪猖獗乃因「外洋快槍購致便易，匪徒恃其利器，凶焰益張」，並指出港、澳、廣州灣為外洋軍火走私之地。[13]而清季革命黨人於興中會及同盟會時期所策動以廣州、潮惠及兩廣雲南的邊區起事，主要乃利用香港、澳門作為軍火運輸之地，藉以支援國內起義活動。

就興中會時期而言，自甲午戰爭，孫中山先後於檀香山及香港成立興中會，謀求透過武力，推翻滿清，振興中華。成立之初，透過其師康德黎（James Cantilie）的介紹，得識在香港開設照相館的日人梅屋莊吉，梅屋遂成為孫中山倡導革命的支持者，並協助其採購槍械。[14]1895年10月，孫中山發動之廣州乙未起義，革命黨人準備起義所用的軍火，絕大部分均由香港偷運至廣州。是役由孫中山與楊衢雲聯合策劃起義事宜。由孫中山及黨人先至廣州設立機關，分別為廣州城內雙門底黃家祠內雲崗別墅，及東門外鹹蝦欄張公館。另設儲物及招待所數十處。孫中山在廣州親自指揮起事。而楊衢雲留港負責起事軍械的購置及運輸。[15]據當時香港政府署理輔政司卑利（F.J. Badeley）的報告指出，該次起義中革命黨人所準備的軍火，主要由楊衢雲經手購買。其時楊氏任沙遜洋行（Messrs. Sassoon & Co.）職員，借用該洋行買辦名義，向香港「同德商店」（Tung Tak Shop）購入大批軍火，打算由省港輪「保安」

---

[12] CO129/294, pp. 585-590.

[13] 〈署兩廣總督岑春煊等摺〉，《辛亥革命前十年間民變檔案史料》（北京：中華書局，1985），下冊，頁444。

[14] 段雲章編著，《孫中山與日本史事編年》（廣州：廣東人民出版社，1996），頁9。

[15] 尤列，〈楊衢雲略史〉，收於尤嘉博編，《尤列集》，頁244。

（S. S. Powan）號運到廣州發動起事，然卻為香港警方偵知，並通知廣州駐英領事。由廣州英國領事壁利南（Byron Brenan）報告，可知楊氏把250枝左輪手槍藏在5桶波特蘭士敏土（俗稱紅毛桶）內，待運抵廣州後，計劃藏於廣州的美國長老會（The American Presbyterian Mission）教堂。可惜該次行動事機不密，卒被清廷緝獲。[16]又孫中山於事變後曾透露上述借輪船輸入之軍火，雖然被搜出而告失敗，但於起義前曾利用小船運輸軍火入省，計共數十次之多，而關卡竟未能察覺而使其得手。[17]

及至1900年，孫中山派遣鄭士良發動惠州之役；又派黨人史堅如、鄧蔭南、蘇焯南到廣州召集同志，組織起事及暗殺機關。孫中山本人則在東京接觸日方及法國駐日領事哈馬德（Jules Harmand），請求武器援助，又自行購買日本刀劍數十口，供起義之用。[18]而楊衢雲、陳少白、李紀堂則在港擔任接濟餉械事務。其中李紀堂與「港中槍炮業中人嫻熟」，出力最多。蘇焯南家住黃埔附近，為香港輪船航行必經之地，黨人私運軍械，每由蘇氏預備小艇，至黃埔附近，從港輪卸下，秘密轉運到廣州。[19]及至鄭士良於三洲田起義告捷，孫中山遂計劃向菲律賓獨立軍彭西（Mariano Ponce）借用早前在日本購買的軍械，此批軍械，原為菲律賓獨立戰爭所用，尚未運出者，可惜卻為經手人中村彌六中飽棍騙，皆為廢鐵，因而借用菲律賓

[16] CO129/271, pp. 442-444; CO129/269, pp. 429-431. 前者譯文見霍啓昌編著，《香港史教學參考資料》（香港：三聯書店，1995），頁49-52。

[17]〈與宮崎寅藏等筆談〉，《孫中山全集》，1集，頁185。

[18] 段雲章編著，《孫中山與日本史事編年》，頁76。

[19] 馮自由，〈庚子惠州三洲田革命軍實錄〉，〈革命富人李紀堂〉，〈鄧蔭南事略〉，《革命逸史》，1集，頁66；3集，頁166；5集，頁16。

獨立軍軍械接濟惠州之役，未能成事。此外，又因日本政府禁止臺灣總督兒玉源太郎軍援起義黨人，起義軍最終欠缺槍械軍火的支援，只得解散，起義宣告失敗。[20]與此同時，史堅如亦進行謀炸廣東巡撫德壽之計劃。利用鄧蔭南、蘇綽南、黎禮由香港運至廣州西關榮華東街的200磅炸藥及藥線，輾轉運至撫署背後革命黨人租用的樓房。史堅如與各同志徹夜掘地道，通入撫署，用鐵桶盛上炸藥藏於地道，豈料火藥配置不得其法，僅炸毀撫署後壁圍牆，未能炸斃德壽。史堅如本欲乘船逃往香港，但最後折返探查而為清吏所捕殉難。[21]

　　1900年惠州之役失敗後，翌年謝纘泰因楊衢雲為清廷刺客殺害，至為憤恨，而李紀堂則感憤惠州之役失敗，二人商議，決定再次起事。而謝氏之父日昌具有三合會背景，參與密謀，遂聯絡三合會首領洪全福，洪氏為太平天國洪秀全之從侄（或謂乃其三弟），交由其招募革命隊伍，時李紀堂繼承其父李陞遺產百萬，決定捐獻起義經費，並邀容閎出任革命後之臨時大總統。遂在港島德忌立街20號，設和記棧為起義之總機關，表面為行船館，即海員俱樂部作為掩飾。繼而派梁慕光、李植生進入廣州部署，計劃炸燬廣州文武官員賀歲場地萬壽宮，而後起事，然結果失敗，是為1903年壬寅廣州之役，或

[20] 馮自由，〈庚子惠州三洲田革命軍實錄〉，《革命逸史》，5集，頁21-22，李雲漢，〈中山先生與菲律賓獨立運動〉，《中國現代史論和史料》（台北：商務印書館，1979），上冊，頁65-76；橫山宏章，〈孫中山和惠州起義〉，《國外辛亥革命研究動態》，6輯（1987），頁14-18。

[21] 鄒魯，《中國國民黨史稿》（上海書店，民國叢書重印本，1989），第一編，冊26，頁671-672；黃大漢，〈興中會各同志革命工作史略〉，《革命文獻》，64輯，頁331-332。

以所預定的國號而稱為大明順天國之役。[22]

　　是役軍火準備乃交由李紀堂負責，進行購械以至運送入省事宜。[23]1901年李氏又於新界西部屯門購置一青山農場，後交由鄧蔭南負責，以種植畜牧為主，農場佔地極廣，達250餘畝，由於遠離市區，易於藏匿，故此成為革命黨人儲藏軍火，製造炸彈，及試槍練靶之地。[24]

　　李紀堂所購買之軍火，乃透過廣州沙面德商陶德洋行辦理，計共購運20箱毛瑟槍及1,000枝左輪，置於該洋行，稍後又運送3,000或4,000枝毛瑟槍，40或50盒子彈至廣州，進而分配至鄰近府縣，至於謀炸萬壽宮的炸藥，則由前此協助史堅如運送炸藥至省的蘇焯南負責，以其駕輕就熟之故也。[25]然終因香港警方查破總機關德忌笠街20號和記棧，藏有大量起義文件

---

[22] 〈大明順天國之役〉，《革命文獻》，67輯（1976），頁300-317。參鄒魯、馮自由、廖平子及陳春生的記述。並參L. Eve Armentrout, "The Canton Rising of 1902-1903: Reformers, Revolutionaries, and the Second Taiping," Modern Asian Studies, 10.1 (1976), pp. 83-105, 指出是役乃革命黨與保皇黨共同合作起義；Chan Lau Kit-ching, China, Britain and Hong Kong 1895-1949 (Hong Kong: The Chinese University Press, 1990), pp. 60-64. 又許師慎，〈李紀堂先生訪問記〉，《革命先烈先進傳》（台北：1965），頁523-524，李紀堂指出洪全福非洪秀全親族，祇是同姓隨其起義而已。

[23] 馮自由，《中華民國開國革命前史》，1冊，頁122。

[24] 陳春生，〈壬寅洪全福廣州舉義記〉，《革命文獻》，67輯，頁308。〈宋居仁〉，《革命人物誌》（台北：中央文物，1969），3集，頁161；羅香林，《國父在香港之歷史遺蹟》（香港大學出版社，2002），頁34-39。至1910年鄧蔭南又於青山農場鄰近之稔灣，設有棚廠及碉堡各一座，因此作為起義掩蔽的後勤基地，支援及接待起義人員。又參莫世祥，〈中山革命與李紀堂毀家紓難——兼論青山、紅樓革命遺蹟的紀念意義〉，《亞洲研究》，13期（1995），頁134-143。

[25] CO129/317。廖平子，〈洪全福起義始末〉，《革命文獻》，67輯，頁314-315。〈署兩廣總督德壽致軍機處電〉，《辛亥革命前十年間民變檔案史料》（北京：中華書局，1985），頁433-434。

及物資，且陶德洋行代為購運槍械，稍後竟因未能交貨，反而向粵吏告密，遂引起廣州當局注意，進行搜捕。時黨人已準備發難，洪全福潛入內地，自行於澳門僱用舢舨二艘，覆以煤炭，實際運載槍械至省，可惜此批軍火經香山時為當地鄉人所截劫。而梁慕光復向沙面洋商購買快槍200枝，欲以小艇運載至花地起事，亦不料事洩，為當地營勇截緝而盡失槍械。[26]此役起事由是失敗。

第三節　同盟會時期的革命軍火

隨著二十世紀香港殖民政府逐步收緊對本地槍械的管制，革命黨人已發現，無法如過往般在港購得大批槍械，只能在香港購入零星槍械供起義之用。然因香港為東亞、東南亞與中國大陸間的交通樞紐，加上香港為無稅口岸，向無行李檢查，黨人遂利用香港與東亞、東南亞各地之交通及貿易管道，從東亞、東南亞將軍火偷運到香港集中，再伺機帶至內地。[27]

1905年孫中山於東京成立同盟會後，隨即於香港成立同盟會分會，先後由陳少白（任期1905-1906）、馮自由（任期1906-1910）及謝英佰（任期1910-1911）出任會長。其中以馮自由任職最長，期間支持孫中山所策動之邊區革命，分別於粵東潮、惠及粵西之欽、廉兩州策動起義。粵東方面的起義，以香港

---

[26] 馮自由，《中華民國開國革命前史》，1冊，頁123。

[27] 鄒魯，《廣州三月二十九革命史》（台北：台灣商務印書館，1967），頁36。陳湛頤、楊詠賢，《香港日本關係年表》（香港教育圖書公司，2004），頁63，1905年香港政府重申將會嚴格執行禁止軍火出口法令。

為基地，策動潮州之役（1907年2月19日）、黃岡之役（1907年5月22日）、惠州七女湖之役（1907年6月2日）、汕尾之役（1907年10月8日）。而粵西方面，則以越南河內、海防為基地，策動欽州防城之役（1907年9月4日）、鎮南關之役（1907年12月1日）、欽、廉上思之役（又稱馬篤山之役，1908年3月27日），及雲南河口之役（1908年4月30日），其中防城、欽廉上思兩役乃由香港方面提供財源及軍械。然上述粵東、粵西各地的起事，相繼失敗。故香港同盟會，遂暫停武裝起義，轉而吸納同志，發展黨務，其中尤以廣州一地的新軍吸納最為成功，黨員人數大增。遂於香港成立南方支部以及稍後的統籌部，擴大組織，籌劃起義，結果先後發動1910年的廣州新軍之役及1911年的黃花岡之役，而香港同樣亦於此兩役中扮演軍火輸入之角色，為武裝起義提供所需的彈藥。[28]

就上列潮惠、欽廉及汕尾之役而言，1907年潮、惠、欽、廉各地群起反清，其時起義所需武器，據廣東方面偵探調查，認為革命黨人軍火主要來自「東興、北海、港澳、潮汕、瓊惠等處」。[29]故香港、澳門即為接濟軍火之地。

及至潮州黃岡、防城之役失敗後，孫中山認為皆由於軍械欠缺所致。故即透過日本友人萱野長知的協助，由其秘密回日進行軍械採購，並由馮自由經正金銀行匯款10,000日元支付部份費用，餘款則由山下汽船會社三上豐夷允諾清償。因而購入大量軍械，包括明治38年村田式快槍2,000枝，每枝配子彈600發，刺刀革囊及各種附屬品俱備，將校指揮刀20把，短

---

[28] 李金強，《一生難忘：孫中山在香港的求學與革命》，頁144-156。

[29] 《中國日報》，1907年10月19日，頁106。

槍30枝，各配子彈百發，其餘望遠鏡等軍用品頗多。而犬養毅
更贈以古寶刀50柄，以壯行色。其初原擬運至防城所屬白龍港
口，繼續支援欽、廉兩地的起義，繼因通訊不便而放棄，轉
而為供應潮惠再次起事之用。並聯絡東路潮惠起義負責者許
雪秋，由其安排於汕尾接收此批軍械。1907年10月8日，租用
「幸運丸」號由長崎出發，藉口裝煤而偷運此批軍械，由萱野
長知負責運送，並邀留日學生鄧慕韓隨行，以備翻譯，出發時
通知香港方面，知會潮汕安排接械。6天後抵達汕尾，然終因
許雪秋安排失當，又見清方船艦巡航偵查，祇得折返香港。萱
野長知初計劃將軍火卸放於李紀堂之青山農場貯存，繼而香港
同盟會又建議轉送惠州，最終因清方及港府均悉該船走私軍
火，難以卸械，遂自行駛離香港，返航日本。此次由香港同盟
會安排在日購買軍械，輸送國內起義地點，或卸放軍械於香港
的計劃均告失敗。潮汕地區由許雪秋負責策動的起事，包括潮
州之役、黃岡之役，以至汕尾接械之役，相繼未能成事。[30]而
潮汕起義，至此告一段落。

　　與此同時，馮自由獲香山大盜林瓜四之弟瓜五報告，得
悉澳門商人自日本私運軍火，至澳門附近華界海面，登陸圖
利。遂計劃劫奪，作為武裝起義之用，後得悉卸貨地點在澳
門而放棄。此批軍火，卻於1908年由日輪二辰丸，裝載槍械
2,000餘枝、彈藥40,000發，抵達澳門附近九洲洋海面。結果為
廣東水師截查，發現軍火，扣查船械，並將船上所掛日旗除
下。由是引起日方抗議，指二辰丸位在葡澳領海，要求中國賠

---

[30] 鄧慕韓，〈丁未汕尾舉義始末記〉，《革命文獻》，67輯，頁70-74。馮自由，
〈丁未惠州汕尾運械失敗實錄〉，《革命逸史》，5集，頁124-129。

償，清政府在壓力下妥協。遂促發粵港等地區，起而抗爭。罷買日貨，是為著名的「二辰丸事件」。[31]此外，於二辰丸事件之前後，根據拱北海關報告，先後查獲兩批由澳門運入內地，提供革命黨人在廣東起義的槍械彈藥。[32]（附錄一）

附錄一　澳門販運軍火的報導（引用自盛永華、張磊：《辛亥革命與澳門》，頁67）

---

[31] 馮自由，〈澳門華僑與革命運動〉，《革命逸命》，4集，頁77；王彥威纂輯，《清季外交史料》（北京：書目文獻出版社，1983），3冊，卷210，頁3222；卷211，頁3239；卷212，頁3251；王芸生，《六十年來中國與日本》（北京：三聯書店，1980），卷5，頁150-156。

[32] 廣東省檔案館編：《廣東澳門檔案史料》，頁372，內收《申報》，1908年4月8日之報導，指該批軍火計有快槍50桿，彈藥3000顆。

至於欽、廉二州方面，終於爆發了防城及上思兩役，主要由孫中山於河內所策動，然而兩役所需的經費及軍用物品，仍由香港提供。[33]以上思一役為例，軍火輸送情況，據馮自由所記，乃向法國購買盒子礮百數十桿，而馮自由在港則購取子彈，並委託「河內、西安兩輪船買辦同志彭俊生、黎量餘等私運至海防，交劉岐山等設法送至中越邊界」，再轉交黃興所領導之欽州起義軍，繼而轉戰欽州上思一帶，然終因彈藥告竭而失敗。[34]

此外，尚需注意一點，即為期間運抵香港的軍械炸藥，大多貯藏於上環德輔道301號中國日報報館密室內。[35]

隨著粵東、粵西起義相繼失利，香港同盟會遂停止武裝起義，轉而發展黨務，黨員大量增加。至1909年擴大組織，另設南方支部，由胡漢民出任支部部長，再次計劃起事。時黨人有感前此起義以會黨為革命武力均告失敗，遂轉而以新軍為目標，[36]並取得廣東新軍標統趙聲及其好友炮營排長倪映典的協助，運動當地新軍，又進而聯絡廣東的綠林會黨等反清力量，計劃再次起事。[37]此次起義乃由香港同盟會會長馮自由負責籌餉運械，而馮氏於灣仔東海旁街76號4樓住宅，即為貯藏武器之地。其中值得注意者為新軍起義前夕，孫中山長兄孫眉、馮自由妻李自平、胡漢民妻陳淑子及日後成為黃興妻的徐宗

[33] 馮自由，《華僑革命開國史》，頁16。

[34] 馮自由，〈戊申欽州上思革命實錄〉，《革命逸命》，5集，頁144。

[35] 馮自由，《華僑革命開國史》，頁9，20。

[36] 馮兆基，〈辛亥革命中的軍事策反活動〉，張玉法主編，《中國現代史論集》（台北：聯經出版事業公司，1980），3輯，頁352-353。

[37] 張醽村，〈庚戌新軍起義後的回憶〉，《廣東辛亥革命史料》（廣州：廣東人民出版社，1951），頁21-24、29-35。

漢，除日夜不停縫製軍旗，購置軍事用品外，更由李、陳、徐三位女同志負責運送旗、械、彈藥至省，三人攜同行囊二具，裝滿炸藥及子彈等危險品，冒險犯難進入廣州。[38]為近代中國女性參與革命揭開新一頁。[39]可惜稍後倪映典策動的新軍之役，為廣東水師提督李準及其所部吳宗禹的巡防隊所平定，[40]宣告失敗。

至1911年，同盟會再次發動黃花岡之役，此役由孫中山策動、黃興、趙聲負責起義，集合同盟會之全國精英作孤注一擲，結果仍然失敗，然其影響深遠，促成同年辛亥革命武昌起義之成功。[41]而此役起義軍所持有之軍械絕大部分均由香港輸入。茲將當時革命黨人購入軍械之主要概況表列如下：

購入地	槍械數量（枝）
日本	628
西貢	160餘
香港	30餘

資料出自〈儲備課用款略表〉，收於湖南省社會科學院編，《黃興集》（北京：中華書局，1981），頁57-58。

---

38 馮自由，《華僑革命開國史》，頁20-21。簡又文，〈馮自由傳〉，馮自由，〈徐宗漢女士事略〉，仇江編，《廣東新軍庚戌起義資料匯編》（廣州：中山大學出版社，1990），頁48-49、59。

39 林滿紅，〈同盟會時代女革命志士的活動（1905-1912）〉，《革命開國文獻》（台北：國史館，1996），頁685-686。

40 吳宗禹，〈三日錄〉，仇江編，《廣東新軍庚戌起義資料匯編》，頁152-156、214-217。

41 陳錫祺，〈辛亥三月二十九日黃花崗之役〉，《孫中山與辛亥革命論集》（廣州：中山大學出版社，1984），頁99-114。

此外，革命黨人姚雨平、黃俠毅、莫紀彭、張天村、鄭平坡等亦有自行購入各式槍枝以供起義之用。[42]

起義前革命黨人黃興與胡漢民負責軍火儲備事宜。日本軍械由黎仲實負責購運，以駁殼槍、五響手槍、曲尺槍、炸藥為多，由吳玉章任命留日學生把槍枝偽裝成行李，運到香港。前後共分五批運送回國，第一批軍火運輸乃由周來蘇負責，包括七響無烟75枝、金山六響40枝，共115枝；手槍、子彈4,000發。豈料周氏從橫濱乘船抵港途中，懼怕軍火被香港海關發現，竟在途中扔掉所有槍彈。致使吳玉章需要再次購運軍械，約三、四次之多，後因事忙，轉交其它同志辦理。第四批則由方聲洞護送至香港，第五批則由曾寶森、陳可鈞及王子騫三人，乘坐德國海輪繞道朝鮮，經大連、青島、上海運抵香港。[43]越南軍械由何紹俠、黃煥負責，駁殼槍、曲尺槍為多。由何紹俠、黃煥及一名法國人運至香港。香港軍械則由陳子岳、李紀堂負責。黨人亦有從暹羅輸入少量槍械，由胡毅負責，均以駁殼、曲尺為主。[44]其時抵港之武器及炸彈，大多秘密置放於文咸東街金利源藥材行之倉庫。[45]繼而運入廣州，而胡漢民之弟胡毅生策劃運輸入省活動。黨人在香港鵝頸橋設立一間「頭髮公司」，另在廣州設立二間公司，先後三次藉運頭

<hr />

[42] 〈儲備課用款略表〉，收於湖南省社會科學院編，《黃興集》，頁57-58。

[43] 鄒魯，《廣州三月二十九革命史》，頁36。吳玉章，《辛亥革命》（北京：人民出版社，1973），頁109-111，吳氏指出黎仲實並未負責購買軍火，只是來拿軍火回扣，回國拯救被捕的汪精衛。王子騫，〈辛亥廣州之役前黨人在日本購運軍火的經過〉，《辛亥革命回憶錄》（北京：文史料出版社，1981），第一集，頁528-531。

[44] 鄒魯，《廣州三月二十九革命史》，頁37。

[45] 馮自由，《華僑革命開國史》，頁22。

髮，將子彈偷運至廣州。其後革命黨人在日本、西貢兩地購得之軍械，亦先後經香港的「頭髮公司」裝運。[46]此外，為了方便運送軍火到廣州和在廣州城內運送，女革命黨員甚而打扮成新娘，利用花轎運輸軍火。[47]

炸彈製造方面，革命黨人在香港島擺花街設立「實行部」，由李應生、莊六、李沛基及五位女同志徐宗漢、黃悲漢、卓國興、莊漢翹、李晚援等人負責。至起義前夕，將機關移到廣州甘家巷內。其後喻雲紀（培倫）、方聲洞二人從日本回港，協助炸彈製造工作。方聲洞本欲藉口在廣州開設藥房，向其親戚魏瀚借用小汽輪，佯稱運輸藥品，而暗運炸彈，然魏氏不允。黨人遂用顏料罐把炸藥軍械運至溪峽，再轉運至廣州，又製成煙彈及爆發彈300顆，運至小東營等處，又囑東莞東志煉製白刃300，運至省城，以備起義之用。[48]黃花崗之役雖然終告失敗，然而黨人的犧牲精神震動中外，使其他革命黨人精神為之一振，對同年爆發的武昌起義起了鼓舞作用。

第四節　結論

清季革命運動肇源於香港，故香港成為「革命黨對國內活動之策源地」。[49]其中革命計劃之擬定、經費之籌措、起義

---

[46] 〈黃興胡漢民致孫中山等報告"三·二九"之役始末書〉，收於黃彥、李伯新編，《孫中山藏檔選編（辛亥革命前後）》（北京：中華書局，1986），頁28。

[47] 林滿紅，〈同盟會時代女革命志士的活動〉，頁685-686。

[48] 鄒魯，《廣州三月二十九革命史》，頁36。

[49] 馮自由，〈香港同盟會史要〉，《革命逸史》，3集，頁227。

人員之募集，以至軍火之購運，無一不以香港為其樞紐，以澳門為其分支，扮演支援角色，而廣州則每每成為起義之地點，此乃邊區革命模式之一。其中軍火一項最為重要，蓋因武裝起義，無刀槍不成事實之故也。自興中會至同盟會時期之歷次起義，革命黨人借助香港及澳門自由貿易港之特性，分別從日本、南洋各地購買軍火，運藏香港、澳門，再入廣州，而以香港為大宗。及至辛亥武昌起義，各省相繼光復，廣東一省亦不例外，期間黨人已經暗中活動，不斷自香港密運炸彈至粵省。[50]其中香山首義，革命民軍之軍火即由港澳運入，於此可見。[51]軍火私運，雖遭港府屢次禁止而不為其所動，香港於清季革命運動中的地位於此可見。而香港、澳門與廣州，亦由此成為辛亥革命時期星火燎原的革命軸心。

---

[50] 〈兩廣總督張鳴歧致內閣電〉，頁256-257，「香港進口輪船，查獲炸彈等件……香港又有革黨潛運炸彈失手碰發之事」。

[51] 鄭彼岸，〈香山起義回憶〉，《辛亥革命回憶錄》，頁339。

第八章　香港模式的武裝起義
——以三二九黃花岡之役為例

前十日間，省城革命黨投戈而起，焚督署，全省震動。
　　　　　　　　　　　　　　　　——《香山循報》

碧血橫飛⋯⋯草木為之含悲，風雲因而變色
　　　　　　　　——孫中山：〈黃花岡烈士事略序〉。

　　清季孫中山起而倡導革命，密謀推翻滿清。先後策動十次武裝起義，以1911年4月27日（舊曆三月二九日）廣州黃花岡之役最為重要。[1]此役主要由孫中山、黃興所策動，並徵集同盟會黨人為選鋒，組成起義隊伍，一反前此以會黨、綠林及新軍為起義武力。此即孫氏所謂：「各省革命黨之精英，與彼虜為最後之一搏」，[2]可惜亦告失敗。然是役卻影響深遠，孫氏謂：「全國久蟄之人心，乃大興奮，⋯⋯不半載而武昌之大革命以成」。[3]值得注意者為該役失敗後，得悉即時死難者為72人，合葬於黃花岡，史稱「黃花岡七十二烈士」。其後陸續

---

[1] 孫中山領導十次武裝起義之史料，參《革命文獻：十次起義史料》（台北：中國國民黨黨史委員會，1974），67輯。
[2] 孫中山，〈有志竟成〉，《孫中山全集》（北京：中華書局，1985），6卷，頁242。
[3] 孫中山，〈黃花岡烈士事略序〉，《孫中山全集》，6卷，頁50。

查出死義者14人，合計86人。[4]死義黨人籍貫依次為廣東（51人）、福建（19人）、廣西（7人）、四川（3人）、安徽（3人）、江蘇（3人）。可知年齡只有67人，其中以20以下至40歲者共61人，約佔91.04%，故所犧牲者以年青人為主。[5]1944年，國民政府為了紀念三・二九之役，黨人烈士捨身救國的犧牲精神，遂將是日訂為「青年節」，作為激勵青年愛國的重要紀念日。[6]

三・二九之役由是引起黨人及中外學者的關注，起而撰著。先有黨人鄒魯（1885-1954）與朱執信（1885-1920）徵集及編輯是役史料，繼而由鄒魯出版二書。[7]此後中外學者撰著，舉其大要者，包括陳錫祺以馬列觀點論述是役的背景、籌款、人力、起事、失敗及其意義；鄭憲研究是役經費及福建黨人之表現；薛君度以黃興為主角，論述是役之始末。Edward

---

[4] 鄭憲，《同盟會：其領導、組織與財務》（台北：近代中國出版社，1985），頁270-271。引其父福建同盟會14支部第二任部長鄭烈的記錄，指尚有福州閩縣郭家6人死義，及福建黨人丁細弟因傷致死，計多7人，故主張黃花岡烈士為93人。

[5] 丁身尊，〈辛亥三月二十九日起義烈士姓名、籍貫、年齡成份資料〉，《廣東辛亥革命史料》（廣州：廣東人民出版社，1981），頁63-66；周興樑，〈辛亥廣州起義百年祭〉（辛亥革命百周年紀念國際學術研討會，香港歷史博物館，2011年5月6-7日），頁10。記可知年齡者為71人，由17至40歲者64人，約90.14%。

[6] 周興樑，〈黃花岡起義烈士的哀榮及其公歷紀念日之由來〉，《孫中山與近代中國民主革命》（廣州：中山大學出版社，2001），頁177-190；辛亥革命武昌起義前後，國人早已對七十二烈士悼祭紀念，至1924年國民黨中央執行委員會決議將舊曆三月二九起義日，改以新曆3月29日作為紀念日。國民政府於1944年3月6日明訂3月29日黃花岡之役為青年節；〈台灣節慶〉，http://www.gio.gov.tw/info/festival（2011年11月25日取）。

[7] 鄒魯，〈黃花岡七十二烈士傳（1923）〉，《清代傳記叢刊》（台北：商務印書館，1967，重刊），64輯，及《廣州三月二十九革命史》（1926）（台北：商務印書館，1967，重印）二書；成書經過，並參鄒魯，《回顧錄》（台北：三民書局，1973），二冊，頁325-328。

Rhoads、陳劉潔貞及顏清湟，分別以廣東革命、中英港關係及星馬華人參與論述此役。[8]及至2011年辛亥革命百年之際，田苹、邢照華出版三·二九一役之專著；[9]而李敖則以小說形式撰寫《七十三烈士》一書。[10]本文即以前人之著述及其研究，綜合論述此一「碧血橫飛……草木為之含悲，風雲因而變色」[11]的三·二九之役。（圖一）

第一節　背景——「香港模式」之武裝起義

　　十九世紀下半葉，孫中山倡導革命於香港，成立興中會總會。盟誓「驅除韃虜、恢復中華、創立合眾政府」，起而策動武裝起義，以1895年乙未廣州之役，1900年庚子惠州之役為其起始。至同盟會時期，先後策動1907-1908年間黃岡之役、惠州七女湖之役、欽州防城之役、鎮南關之役、欽廉上思之役、雲南河口之役、1910年廣州新軍之役以至廣州三·二九之役，計共10次。由是革命風潮日厲，終於促成辛亥武昌起義

8　陳錫祺，〈辛亥三月二十九日黃花岡之役〉，《孫中山與辛亥革命論集》（，頁99-114；鄭憲，《同盟會：其領導、組織與財務》，頁192-202、213、257-273，論述該役起義經過及籌得經費230,000港元；薛君度，《黃興與中國革命》（香港：三聯書局，1980），頁67-81；Edward Rhoad, *China's Republican Revolution: The Case of Kwantong, 1895-1945*, pp. 197-203; Chan Lau Kit-ching, *China, Britain & Hong Kong 1895-1945*, pp. 82-88; Yen Ching Hwang, *The Overseas Chinese and The 1911 Revolution*, pp. 219-238.

9　田苹、邢照華，《同盟會與辛亥廣州"三·二九"起義》（南寧：廣西人民出版社，2011），頁188-217，附錄為是役各類史料及論文著作索引。

10　李敖，《第73烈士》（台北：李敖出版社，2011），諷刺台灣國民政府的烈士紀念，借黃花岡七十二烈士，反映一中華民國老兵之犧牲，為七十三烈士。

11　孫中山，〈黃花岡烈士事略序〉，頁50。

圖一　七十二烈士墓園

之成功，得建民國。上述諸役，值得注意者，除防城、鎮南關、上思及河口四役，乃於越南之河內作為基地發動外。[12]餘皆以香港作為策劃、籌款、購買軍火、起義宣傳、人員結集及輸送的基地。而起義之目標，主要為省會廣州。香港之得以成為武裝起義基地，乃因香港為英國殖民地，非清廷所有；且為法治之區；並以自由貿易開埠，為東亞、東南亞以至歐美各國的航運樞紐。無疑成為孫中山及其革命黨人，提供藏身、策動革命的理想居停。遂得以成為興中會及同盟會時期，黨人發動「邊區革命」，以廣州為目標之主要武裝起義基地，[13]此即孫中山所說：「吾黨每次向粵進攻之出發點，始終不能離開香

---

[12] 孫中山，〈有志竟成〉，《孫中山全集》，6卷，頁239-241；Marie-Claire Bergère, Sun Yat-sen (Stanford: Stanford University Press, 1994), pp. 175-184.

[13] 霍啓昌，《港澳檔案中的辛亥革命》（香港：商務印書館，2011），頁74-75。

港」。[14]而清季孫中山及革命黨人於華南起義之革命方略，亦由此而起。是為以香港為基地的「香港模式」之武裝起義。而三・二九之役，即為香港模式武裝起義最後之一役。[15]

此外，1910至1911年間之中國，內憂外患，相繼而至。其一，英、法、俄、德、日列強對我國沿海、內陸省份，包括對滿、蒙、藏、雲南、山東、福建等地的不斷擴張，且謠傳瓜分中國。其二，各地民變四起，抗捐抗稅、反教等，此起彼伏。其中1910年之長沙搶米風潮及山東萊陽抗捐，尤其震動全國。[16]其三，清廷「詭名立憲，以為欺飾」，[17]促成國內立憲派先後策動三次大請願，要求速開國會，成立責任內閣，合舉國之力，解救內外危機。然三次請願，均遭清廷拒絕，部份立憲派人士逐漸轉向革命，隨着內外交困的深化，國內逐漸形成一革命情勢。[18]

---

[14] 孫中山，〈與宮崎寅藏等筆談〉，《孫中山全集》，1卷，頁183-184。

[15] 「香港模式」之武裝起義，參李金強，〈香港興中會總會的成立及其重要性〉，《深圳大學學報》（人文社會科學版），28卷5期（2011），頁27-31；又參 Edward Rhoads, op. cit., p. 197，指三・二九黃花岡之役，與1895年乙未廣州之役相類似。

[16] 黃興，〈致暹羅同志書〉（1911年1月11日），《黃興集》（北京：中華書局，1981），頁27，指出其時日本併吞高麗，又與俄國密約，憂慮滿洲、蒙古將不保，且英國進兵西藏，德國染指山東，法國則窺伺雲南，國勢岌岌可危；又參鄒魯，《廣州三月二十九革命史》，頁2，謂1910年，日俄密約成，因而有三・二九之役。又天災民變，參傅國涌，《辛亥百年：親歷者的私人記錄》（北京：東方出版社，2011），上冊，頁19-39。

[17] 黃興，〈致暹羅同志書〉，同上，頁27。

[18] 張朋園，《立憲派與辛亥革命》（台北：中央研究院近代史研究所，1969），頁237-246。

第二節　起義──檳城、香港、廣州

　　檳城會議。孫中山自1907年為日本政府所驅逐，遂南下河內建立基地，並於星加坡成立南洋支部，發展南洋革命力量。相繼策動廣東、廣西及雲南三省交界的防城、鎮南關、上思、河口四次武裝起義，均告失敗，從而使以光復會為首的章炳麟、陶成章，起而反孫，出現分裂。陶氏且週遊南洋僑社，發佈反孫言論，並於荷屬南洋（印尼）之邦加與泗水，成立光復會分會。另樹一幟，分庭抗禮。南洋僑社出現黨同伐異，孫中山領導地位備受打擊。[19]孫中山為求對付分裂份子及重整革命領導力量，已計劃改組同盟會，於1909年至1910年出訪歐美僑社，取得黨人支持，於重返亞洲後，遂將受影響的星加坡南洋支部，轉移至馬來亞半島西北之商港檳城（Penang，檳榔嶼，又稱庇能），成為新的革命基地，重建其革命領導地位。[20]其時孫中山體察國內情勢丕變，認為革命時機已告成熟，他說此時為「第一好機，民心歸向，軍士倒戈」，[21]而黃

---

[19] 同盟會內部分裂及陶成章於南洋活動，見譚人鳳，〈石叟牌詞敘錄〉，《近代史資料》，3期（1956），頁38-43；Yen Ching Hwang, *The Overseas Chinese and the 1911 Revolution*, pp. 212-219, 指孫、章、陶等乃由於省籍意識、教育背景及革命策略之分歧，導致同盟會內部分裂。

[20] 馮自由，《華僑革命開國史》，頁80-81；又參Yan Ching Hwang, "Tongmenhui, Sun Yat-sen and the Chinese in Singapore and Malaya: A Revisit," 廖建裕主編，《再讀同盟會、孫中山與東南亞華人》（新加坡：華裔館，2006），頁118-129。孫中山選取檳城，乃因獲當地黨人的支持及檳城具有現代郵政、電報及銀行體系，易於對外聯絡所致。

[21] 孫中山，〈致檀香山同盟會員函〉，《孫中山全集》，1卷，頁486-487。

興、趙聲均表贊同，認為起事「廣東必可由省城下手，且必能由軍隊下手」。[22]1910年11月13日，孫氏遂召集黨人至檳城柑仔園400號開會，史稱「庇能會議」。出席者包括黃興、趙聲、胡漢民、孫眉；檳城同盟會南洋支部成員吳世榮、黃金慶、熊玉珊、林世安及馬來亞各埠黨人鄧澤如等。孫中山於會議中指出「國內革命風潮已日盛，華僑思想已開，吾輩有計劃，有勇氣，則事無不成」。[23]取得與會者同意，決定於廣州再次起義。計劃選拔同志500人為「選鋒」（敢死隊），負責廣州城內發難，並策動新軍、防營響應。取得廣州後，由黃興、趙聲分兵兩路，揮軍北上會師長江。初擬定起義經費100,000元，分別向英屬、荷屬南洋及美洲華僑籌款，最終籌得230,000港元。[24]與此同時，黃興隨即回港部署，策劃起義，是為三・二九一役之由來。

---

[22] 黃興，〈上總理述革命計劃書〉，《革命文獻》，67輯，頁180。

[23] 引文見胡漢民，〈胡漢民自傳〉，《辛亥革命史料選輯》（長沙：湖南人民出版社，1981），上冊，頁195-196；並參陳新政，〈華僑革命史〉（1921），刊於張少寬，《孫中山與庇能會議》（檳城：南洋田野研究會，2004），頁209-210，陳氏與吳世榮、黃金慶，並稱「檳城三傑」，指開會地點為打銅仔街120號，然據顏清湟所述，應為No. 400, Dato Kramat Road，拿督克拉馬特律400號，華名俗稱柑仔園；而陳新政所述打銅仔街會議，乃兩天後11月15日，由吳世榮召集的一次緊急會議，目的在於籌款。見同書，頁25-28；並參Yen Ching Hwang, The Overseas Chinese and the 1911 Revolution, pp. 231-234; 又參〈改變中國檳城是基地〉，《亞洲週刊》，2001年10月8日-14日，頁1-17，指檳城因三・二九之役，於近代中國革命史具有一席之地位。

[24] 庇能會議商討起義計劃及籌款，參黃興、胡漢民，〈廣州三月二十九之役報告書〉，《革命文獻》，67輯，頁268-270；又鄒魯，《廣州三月二十九革命史》，頁2-17；指籌得款項，計荷屬南洋32,550元，英屬南洋47,663元，美洲77,000元，合計157,213元。然據鄭憲之研究，計共籌得230,000港元，見鄭憲，《同盟會：其領導、組織與財務》，頁192-202、213，款項分別來自暹羅、安南、馬來亞、荷屬東印度群島、台灣、加拿大、美國、檀香山等地華僑；又上述各地華僑籌款，以加

香港統籌部。黃興、趙聲、胡漢民等人先後重返香港，於1911年1月18日成立統籌部，策劃起義。統籌部由黃興及趙聲分任正副部長。統籌部屬軍事性質。故另設軍事指揮部，趙聲被選為總指揮，黃興則選為副指揮。行政及軍事權力劃分，實施雙重領導。而統籌部下設秘書、調度、編制、出納、調查、儲備、交通及總務等八課，每課設一課長。主要由1909年設於香港的南方支部內部調配。胡漢民任秘書課課長，掌一切文件；姚雨平任調度課課長，專司軍隊的聯絡，負責運動新軍、防營起義；陳炯明任編制課課長，負責草擬訂定各種軍事編制及規則；李海雲任出納課課長，掌出納財務；羅熾揚任調查課課長，負責收集情報，偵察敵情；胡毅生任儲備課課長，購運軍械；趙聲任交通課課長，負責聯繫江、浙、皖、鄂、湘、桂、閩各省同盟會機關；洪承點任總務課課長，負責一切雜務。總部設於跑馬地35號，另設實行部於中環擺花街。[25]李煜堂、李文啟及李海雲於文咸東街所開辦的金利源藥材行，負責傳達海外革命同志來往函電及接受起義匯款，而附設在該行二樓，李海雲的遠同源外匯莊，則作儲藏軍械之用。[26]隨即着手召集海內外各省同志，共襄義舉。

負責策劃起義的黃興及趙聲，先後去函東京及各省同志，發出動員齊集香港之號召，並派員分赴各地購運軍火至港備

　　拿大最為突出，獨佔67,000元，見馮自由，〈黃花岡一役旅加拿大助餉記〉，《革命文獻》，67輯，頁204-206。

[25] 鄒魯，《廣州三月二十九革命史》，頁18-19；鄭憲，《同盟會：其領導、組織與財務》，頁260-261。

[26] 馮自由，《中國革命運動二十六年組織史》，頁202-230。

用。[27]時東京同盟會本部黨員，接訊後，相繼回國響應。[28]其中如譚人鳳、林文接獲黃興知會後，隨即回國。譚人鳳抵達香港，得悉起義計劃乃首於廣州發難，事成後會師長江。故深知長江各省設立機關，以備響應，尤為必要。其時除上海已有鄭贊臣設立機關聯絡新軍外，譚氏認為兩湖，地居要衝，宜先部署。獲黃興、趙聲同意，並給予2,000元之活動費用。遂北上長江，先至上海，聯絡宋教仁；繼溯江而上至武漢，聯絡居正，及共進會之孫武，給予經費；再至湖南，聯絡新軍，設立機關，完事後遂南返香港。譚氏此舉為同年之武昌起義，留下伏線。[29]而林文亦於稍後與其福建黨人回國，一方面至台北籌募經費，借興學名義，取得臺灣第一家族——板橋林家捐助3,000日圓。另一方面則至福州、廈門、桂林三地，動員當地黨人日後響應；並組織福建黨人48名，共分兩批南下香港、廣州，參予起義。其它浙江、江西、安徽各省、南洋華僑亦相繼聯繫，海內外同志陸續抵達。[30]譚人鳳謂其時「頗有風雲際會之盛」。[31]

---

[27] 鄒魯，《廣州三月二十九革命史》，頁18-19；鄭憲，《同盟會：其領導、組織與財務》，頁260-261。

[28] 馮自由，〈香港同盟會史〉，《革命逸史》（台北：商務印書館，1969），3集，頁248。

[29] 譚人鳳，〈石叟牌詞敘錄〉，頁44-45；王聿均，〈中部同盟會與辛亥革命〉，《辛亥革命研討會論文集》（台北：中央研究院近史研究所，1983），頁231-243。譚人鳳與宋教仁等於上海成立同盟會中部總會，促成同年之武昌起義。

[30] 鄒魯，《廣州三月二十九革命史》，頁18-19；鄭憲，《同盟會：其領導、組織與財務》，頁262-263；李金強，〈密謀革命——1911年福建革命黨人及其活動之探析〉，《區域研究——清代福建論》，頁249-254。

[31] 譚人鳳，〈石叟牌詞敘錄〉，頁45。

時於跑馬地附近，設各省分機關，福建黨人則設機關於灣仔67及68號兩處，運輸機關則設於中環街市側7號，繼而於擺花街設立實行部，專責製造炸彈及準備暗殺工作。[32]另於省內廣州分設機關，以備起事之用。而福建、四川、廣西、江蘇、安徽及南洋組成的「選鋒」，亦相繼進駐香港、廣州。省內北江、東江、東莞、廣州河南同志則集中於省城。[33]而所需之槍械彈藥，亦相繼由日本、安南、暹羅、香港等地購入，以駁殼（連發短槍，又稱盒子炮）、五響手槍、曲尺槍、炸藥為多。經上述各地黨人協助運輸至香港，再透過不同途徑，密運至廣州各機關，以供起義之用。[34]

廣州起義。至4月8日（宣統2年3月10日，以下同），召開發難會議於總機關。根據原定計劃，乃於省城內首先發難，由黃興，趙聲、徐維揚、陳炯明、姚雨平、李文甫等率領選鋒，分頭進攻行政機關，軍械局等，使新軍、防營起而配合大舉。其初選定為500人，後以行動所需，不足分配，增至800人。起義日期原訂4月13日（3月15日），然由於部份海外捐款及所購軍械，尚未到齊；兼且突然發生南洋黨人溫生才，自行刺殺廣州將軍孚琦事件，促使廣州當局警惕，增派兵力，加強戒備，遂影響發難行動。最終一再更改，延遲至4月27日（3月29日）始行發難。[35]期間黃興，已經親自由香港進入省城，於兩廣總督衙署附近小東營5號（今廣州越華路「三‧二九」起義指揮部舊址紀

---

[32] 胡國梁，〈辛亥廣州起義別記〉，中國史學會主編，《辛亥革命》，4冊，頁265-266；裕生，〈黃花片片錄〉，《大光報》，1928年3月29日，第一張。

[33] 鄒魯，《廣州三月二十九革命史》，頁24-31。

[34] 鄒魯，《中國國民黨史稿》，頁671-672。

[35] 鄒魯，《廣州三月二十九革命史》，頁34-40。

念館），[36]建立指揮部，至此，事態如箭在弦，不得不發。

　　是役終於1911年4月27日由黃興親率粵、閩、川三省同志120多人發難，從小東營機關出發，以兩列縱隊前進，攻入兩廣總督衙署，與署內警衛隊發生激戰，並入內搜尋粵督張鳴岐不獲，放火燒署而退。再分兵三路，黃興自率一路，出大南門，接應新軍入城。徐維揚率花縣黨人一路出小北門，接應防營。喻培倫一路乃川、閩及南洋、海防同志，合攻督練公所。分別進行巷戰，奮勇殺敵，且戰且走，然三路黨人，終因寡不敵眾，或即時被殺，或被捕後就義，是役終歸失敗。[37]又據兩廣總督張鳴岐電奏清廷，謂此役「乃亂匪多人懷挾手槍擁至督署，拋擲炸彈轟擊」，遂會同水師提督李準，督率防營「分途扼守圍捕……生擒及槍斃匪黨數十」。並說城外新軍有被勾串之謠傳，然使軍官密為防範。可見防營與黨人為敵，而新軍則並無響應。戰況則如李準所說：「連日多巷戰，被繫200人，擊斃亦愈百，七十二烈魂。」[38]此即其時發現死難者，共計72人，遂由黨人潘達微將72人遺體，合葬於廣州沙河馬路旁之紅花岡，改稱黃花岡，是為黃花岡七十二烈士之墓地，[39]史稱黃花岡七十二烈士，是為「黃花岡之役」。

---

[36] 小東營指揮部之保存及其文物古蹟，可參田苹、邢照華，《同盟會與辛亥廣州"三‧二九"起義》，頁164-179。

[37] 黃興、胡漢民，〈廣州三月二十九之役報告書〉，頁274-276；並參徐維揚，〈辛亥三月二十九日之役花縣十八烈士殉難記〉，《廣州辛亥革命史料》（廣州：廣東人民出版社，1981），頁51-58。

[38] 張鳴岐電奏，見鄒魯，《廣州三月二十九革命史》，頁47-48；並參李準：〈任庵六十口述〉，頁200。

[39] 陸丹林、劉錫璋，〈潘達微殮葬七十二烈士的經過〉，《廣東辛亥革命史料》，頁60-62。

第三節 影響：以福建黨人為例

　　三・二九之役犧牲之烈士，以廣東志士最多，計共51人。福建志士居次，共佔19人。而以福建、四川兩省志士表現最為英勇，「戰時無不以一當百」。[40]遂使「兩省英銳之同志，因此損失殆盡」。[41]而此役死難最具代表者三人，分別為福建之林文、四川之喻培倫及廣東之李文甫。[42]其中福建志士死事最為感人，較著者如林文、方聲洞、林覺民、林尹民、陳與燊、陳可鈞、陳更新、馮超驤、劉鍾群、劉鋒等10人。不少為世家子弟，大多留學日本，皆為勤學篤行之士，[43]此即黃興所謂：「閩省同志，多在東畢業專門學校者，年少俊才，傷心俱爐」。[44]今以「二林一方」三位福建志士的生平及其參與三・二九之役的表現，作為說明。

---

[40] 黃興，〈致海外同志書〉，《革命文獻》，67輯，頁266。

[41] 黃興，〈致馮自由述三月二十九之役以後各省情形書〉，《革命文獻》，67輯，頁288。

[42] 鄭烈，《歷代人物評詠、林大將軍傳合刊》（台北：1953），頁30。喻培倫留學時，習化學，醫學。精於炸藥，發明製造炸彈法，世稱「喻氏法」。起義前，於攝花街實行部，製造炸彈300多枚。三・二九之役受傷被捕而死。李文甫，少研金石學，工書法，1908年得識汪精衛、胡漢民，加入南方支部。主理《中國日報》及《時事畫報》，三・二九之役與林文同攻督署，亦受傷被捕而死。見章炳麟，〈喻大將軍傳〉，〈喻培倫事略〉，楊庶堪：〈喻大將軍墓表〉，見鄒魯輯，《黃花岡七十二烈士傳》，64輯，頁467-476；〈李文甫傳〉，鄒魯，《廣州三月二十九革命史》，頁131-133。

[43] 天嘯生（鄭烈），《黃花岡福建十傑紀實》，（1912），重刊於沈雲龍主編，《近代中國史料叢刊》（台北：文海出版社），525冊。鄭氏為十人立傳，並說十傑乃「才學敏優，尤皆名門後裔」。

[44] 黃興、胡漢民，〈廣州三月二十九之役報告書〉，頁276。

林文（1885-1911），初名時塽、侯官人。祖父鴻年為道光狀元，官至雲南巡撫，後主理福州正誼書院。陳寶琛、沈瑜慶、林紓、陳衍等福建著名官紳，皆出其門下。1905年至日本留學，入成城學校（軍校），繼進日本大學，研習哲學及法律，尤長詩文，詩作多達百餘首。一度被問及婚姻，林氏正色道：「瓜分慘禍，近在目睫，尊嚴祖國，行且邱墟，親愛同胞，將即奴隸，此豈志士安居授室時耶」。[45]痛國家危殆，加入同盟會，出任十四支部（福建）首任部長，為福建黨人之領袖。並任《民報》經理，星加坡《中興日報》總編輯，故為孫中山得力助手。對王陽明知行合一學說，尤為推崇。與黃興深交，共研革命武裝起義之戰略。並主張革命後立國之道，宜從教育入手，以儒家四維德業與科學追求真理相配合，於此可見林氏之卓識。三・二九之役率領福建同志，自東京回國部署，福建黨人群集香港，於灣仔67及68號作為結集機關。及至三・二九，與黃興合力進攻總督衙署，撤出後為清軍所殺，時年26歲。下列為其留學日本所寫〈秋聲〉感懷詩，可見其文才。[46]

　　「落葉聞歸雁，江帆起暮鴉，秋風千萬戶，不見漢人家，我亦傷心者，登臨夕照斜，何堪更啄血，墜作自由花」。是詩於三・二九之役前寫於東京，1909年自東京來香港，住宿同盟會，不斷吟誦，沉而哀之詩聲，發自其臥室，已見林氏表示反滿為自由而獻身的意向。[47]（圖二）

---

[45] 天嘯生（鄭烈），〈林文傳〉，同上，頁861-869。
[46] 鄭烈，《歷代人物評詠、林大將軍傳合刊》，頁3-4、7-8、18-20。
[47] 《莫紀彭先生訪問紀錄》（台北：中央研究近代史研究院），頁115。

圖二　林文（1885-1911）（引用自李敖：《第73烈士》）

　　林覺民（1887-1911），字意洞，閩縣人。14歲入福建高等學堂，1907年留學日本，進慶應大學文科，習哲學，尤愛《莊子》、《離騷》。著有《六國比較憲法論》，並撰《原愛》一篇，論男女愛情之真理，深受激賞。與林文、林尹民同住一室，最為莫逆，人稱「三林」。三・二九之役前夕，與林文同行自東京至香港報到，隨即回閩，組織福建同志南下，參與是役。及至起事，領先攻擊督署，於巷戰負傷被捕。審訊時綜論天下大勢，各國時事，從容就義，死時25歲。[48]起義前撰〈與妻書〉，尤為膾炙人口。舉示如下：

---

[48] 天嘯生（鄭烈），〈林覺民〉，同上，頁873-878；並參鄒魯，《廣州三月二十九革命史》，頁125-128。

意映卿卿如晤：吾今以此書與汝永別。吾作此書時，尚為世中一人；汝看此書時，吾已成為陰間一鬼，吾作此書，淚珠和筆墨齊下……吾至愛汝，即此愛汝一念，使吾勇於就死也。……語云，仁者「老吾老以及人之老，幼吾幼以及人之幼」……於悲啼之餘，亦以天下人為念，當亦樂犧牲吾身與汝身之福利，為天下人謀永福也，汝其勿悲……，第以今日時勢觀之，天災可以死，盜賊可以死，瓜分之日可以死，奸官污吏虐民可以死，吾輩處今日之中國，國中無地無時不可以死，……天下人人不當死而死，與不願離而離者，不可數計，鍾情如我輩者，能忍之乎？此吾所以敢率性就死不顧汝也！[49]（圖三）

方聲洞（1885-1911），字子明，侯官人。1902年至日留學，入成城學校，1903年參加留學生拒俄義勇隊（後改稱軍國民教育會），動員拒俄佔領東三省，解散後回閩，創立書報閱覽所，「俾文明輸入較易」。二年後，重返日本千葉醫學校習醫，同盟會成立，與其兄聲濤、姊君瑛、妻子王穎及兩嫂鄭萌、曾醒，全家入黨，堪稱「革命家庭」。1911年於國內外情勢緊急之時，組織國民會，動員留日學生回國反清。繼而以其習醫，起義尤需軍醫，遂參加三・二九之役。與黃興一路，於進攻督練公所時犧牲，時年26歲。[50] 起義前撰〈別父書〉，現摘述如下：

---

[49] 蕭平編，《辛亥革命烈士詩文選》（北京：中華書局，1982），頁170-173。
[50] 天嘯生（鄭烈），〈方聲洞〉，頁869-873。

圖三　林覺民（1887-1911）和他給
　　　妻子陳意映的遺書（引用自
　　　李敖：《第73烈士》）

父親大人膝下：此為兒最後親筆之稟，此稟果到家，則
兒已不在人世者久矣……故臨死特將其就死之因，為大
人陳之。……迄於今日，外患逼迫，瓜分之禍，已在目
前，滿州政府猶不願實心改良政治，以圖強盛……是以
滿政府一日不去，中國一日不免於危亡，故欲保全國
土，必自驅滿，兒蓄此志已久，只以時未至，故隱忍未
發，邇者海內外諸同志，謀起義，以撲滿政府，以救祖
國，祖國之存亡，在此一舉。……夫男兒在世，不能建
功立業，以強祖國，使同胞享幸福，雖奮鬥而死，亦大
樂也……。對於家庭，本有應盡之責任，只以國家不能

圖四　方聲洞（1885-1911）（引用自
李敖：《第73烈士》）

保，則身家亦不能保，……今日極力驅滿，盡國家之責
任者，亦即所以保衛身家也。[51]（圖四）

　　以二林一方為例，可見黃花岡之役一輩青年人，無不秉
承儒家以天下為己任之傳統精神，務求保家衛國，致國家於富
強地步。面對滿清政府無力保衛國家主權，屢受外敵入侵而
慘受瓜分之際，遂起而犧牲自我，為保家國。此一為國奮鬥之
犧牲精神，不但促成同年辛亥武昌起義之成功，推翻帝制，建
立民國。更重要則為黃花岡七十二烈士，為中華民族之恆久長
存，留下了不可磨滅的歷史記憶與佐證。

---

[51] 蕭平編，《辛亥革命烈士詩文選》，頁167-168。

第九章　總結
——辛亥革命搖籃在香港

　　港澳雙城為近世西方列強以葡、英兩國為首，挾其工、商業的經濟、技術優勢，發動對外軍事侵略與擴張的時代產品。自此西風東漸，以華人為主體的港澳殖民地，相繼成為中國沿海地區新文化的據點，從而對近代中國歷史之進程產生其影響力。

　　就近代中國歷史發展而言，最重要莫如1911年的辛亥革命的發生，使中國產生重大變革。此即促成清季之國家與社會，由「傳統到現代」的轉型。中國遂由帝制轉成共和；舊四民（士、農、工、商）變為新四民（士、商、工、農）；由農業而工業；由中學而西學；由儒道佛而兼基督宗教；古老中國逐漸轉化成為新中國。此皆拜辛亥革命之所賜。就此而論，清季革命運動之產生，實乃肇始於華南珠江三角洲省（廣州）港澳此一具有中西文化交流之新地域。其中香港與澳門，相繼為孫中山及其同志倡導革命之孕育地及革命基地，而廣州則為策動革命、武裝起義之主要選點，三地從而於近代中國史上由「邊緣」而漸見「中心」之地位。[1]其中港澳兩地，即為本書關注及研究之對象，此乃其與近代中國革命緣起，具有密切關係之故。

---

[1] 李金強：〈從省港澳地域觀察孫中山的求學與革命〉，《紀念孫中山誕辰140週年國際學術研討會論文集》，下卷，頁1107-1124。

就香港而言，在英國管治下，湧現一批接受英語教育的中英雙語精英，從而獲得西學新知，遂具革新之觀念，孫中山即為其中之表表者。孫氏在港信教，於中央書院及香港西醫書院完成其中學及專上教育，結識師友，建立其日後之革命人脈。至甲午戰爭前後，感懷國殤，以孫中山、楊衢雲等為首，遂起而於香港創設興中會總會，以「強鄰環列」、「瓜分豆剖」之危，奮起「求拯斯民於水火」。[2]由是吸納同志，發展組織，籌集資金，擬定革命方略，創辦革命報刊元祖《中國日報》，廣事宣傳，繼而購置軍火，潛入內地，策動邊區武裝起義，歷經十次起義，終於推翻滿清。由此可見，香港為近代中國革命首起之地，從而獲取革命搖籃之譽稱，[3]此即「辛亥革命搖籃在香港」之可以斷言。

就澳門而言，此地為孫中山在香港求學與活動常經之地，以其鄰接故鄉香山之故。且為其於香港西醫書院畢業後，首度行醫濟世之地，故亦在此認識朋輩。其中寓居澳門之著名改革家鄭觀應與孫氏革命思想之孕育，具有互動關係。而土生葡人飛南第，及當地賭商盧九，怡若父子等對其革命之支持，四大寇之楊鶴齡寓居此地，以至日後澳門同盟會分支機關之相繼成立，且參與廣東之光復，此皆由孫氏而起，使澳門得以置身於近代中國革命運動史上。馮自由雖云澳門在革命史之地位並不重要；然其於清季革命運動時期，實具有分支及支援之角色，此點當無異議。

---

[2] 〈香港興中會章程〉，《孫中山全集》，1卷，頁21。
[3] 陸丹林，〈總理在香港〉，《中華民國問國五十年文獻》，1編9冊，頁108-109。

清季辛亥革命始起於港澳，並以香港為反清之革命基地，最終推翻滿清，建立民國。然此一「新中國」之建立、並未如革命黨人之期望，使中國走向富強。及至民國，內憂外患，依然如故。孫中山不得不起而再革命，遂以廣州為其國民革命之基地，改組國民黨，聯俄容共，聲討軍閥，高呼廢除不平等條約，謀求國家之之統一及復興。可惜亦告齎志以歿，遂有孫氏臨終遺言「革命尚未成功，同志仍需努力」。幸而孫氏晚年所撰之遺教──《三民主義》、《建國大綱》、《實業計劃》卻為日後中國立下發展之藍圖，此後，歷經北伐統一，八年抗戰，國共分裂及內戰，以至國家分裂，分途發展。國人在孫中山及辛亥志士國魂之感召下，自1949年以降，推行現代化，整軍經武，維護主權，發展民生，追求民權，目的在於謀求國家之富強。至二十一世紀中國，漸見生機，而得以和平崛興，回首前塵，此一重大的歷史變革，無疑為辛亥時期孫中山及其同志夢寐所求，至今始得以黃泉之下圓夢。此即中山先生與港澳此一歷史課題，仍具研究價值之意義所在。

中山先生與港澳

參考資料

（一）英文部分

1. "Cantlie Papers," M.S. 7920, Wellcome Library.

2. "College of Medicine for Chinese, Hong Kong, Constitution, Curriculum," Wellcome Library, M.S. 7937/4.

3. "Constitution of the Alice Memorial Hospital," Report of the Alice Memorial Hospital in Connection with the London Missionary Society for the Year 1889 (Hong Kong: China Mail Office, 1890).

4. "Dinner by the Dean, College of Medicine for Chinese," China Mail, no. 9196, no. 9197 (July 23, 25, 1892).

5. "Registrar General's Report," C.O. 120/12.

6. "Statistical Abstract," Report of the Alice Memorial Hospital in Connection with the London Missionary Society for the Year 1889 (Hong Kong: China Mail Office, 1890).

7. Brian Harrison ed., University of Hong Kong: The First 50 Years 1911-1961 (Hong Kong University Press, 1962).

8. Carl T. Smith, "Sun Yat-sen as a Middle School Student in Hong Kong," Ching Feng, vol. xx, no. 3 (1977).

9. Carl T. Smith, Chinese Christians: Elites, Middlemen and the Church in Hong Kong (Hong Kong: Oxford University Press, 1985).

10. Chan Lau Kit-chung (陳劉潔貞), China, Britain and Hong Kong 1895-1945 (Hong Kong: Chinese University Press, 1990).

11. Chan Wai Kwan, The Making of Hong Kong Society: Three Studies of Class Formation in Early Hong Kong (Oxford: Clarendon Press, 1991).

12. Charles R. Hager, "Some Personal Reminiscences," in Lyon Sharman, Sun Yat-sen, His Life and Its Meaning (Stanford: Stanford University Press, 1934).

13. Chesney Duncan, Tse Tsan Tai: His Political and Journalistic Career (Hong Kong: Kelly & Walsh Limited, 1917).

14. CO 129/269.

15. CO 129/271.

16. CO 129/294.

17. CO 129/317.2

18. D. M. Evans, Constancy of Purpose: An Account of the Foundation and History of the Hong Kong College of Medicine and the Faculty of Medicine of the University of Hong Kong 1887-1987 (Hong Kong: Hong Kong University Press, 1987).

19. Dafydd Emrys Evans, "China Town in Hong Kong: The Beginnings of Taipingshan," The Journal of the Hong Kong Branch of the Royal Asiatic Society, vol. 10 (1971).

20. Dafydd Emrys Evans, Constancy of Purpose: An Account of the Foundation of the History of the Hong Kong College of Medicine and the Faculty of Medicine of the University of Hong Kong 1887-1987 (Hong Kong University Press, 1987).

21. David Arnold, "Review of Imperial Medicine: Patrick Mansion and the Conquest of Tropical Disease by Douglas M. Haynes," Victorian Studies, vol. 45, iss. 4 (2003).

22. E. H. Paterson, A Hospital for Hong Kong: The Centenary History of the Alice Ho Miu Ling Nethersole Hospital 1887-1987(Hong Kong, 1987).

23. Edward J.M. Rhoad, China's Republican Revolution: The Case of Kwantong, 1895-1945 (Cambridge: Harvard University Press, 1975).

24. G .H. Choa, The Life and Times of Sir Kai Ho Kai (Hong Kong: The Chinese University Press, 1981).

25. G.B. Endacott, A History of Hong Kong(Hong Kong: Oxford University Press, 1973).

26. Harold Z. Schiffrin, Sun Yat-sen and the Origins of the Chinese Revolution (Berkeley: University of California Press, 1968).

27. Historical and Statistical Abstract of the Colony of Hong Kong 1841-1930 (Hong Kong: Noronha & Company, 1932).

28. Hong Kong Blue Book for the Year 1892.

29. Hsüeh Chü-tu, "Sun Yat-sen, Yang Ch'ü-yün and the Early Revolutionary Movement in China," Revolutionary Leaders of Modern China.(New York: Oxford University Press, 1971)

30. J. Y. Wong (黃宇和), The Origins of An Heroic Image: Sun Yatsen in London 1896-1897 (New York: Oxford University Press, 1986).

31. James Cantlie and C. Sheridan Jones, Sun Yat-sen and the Awakening of China (New York: Fleming H. Revell Company, 1912).

32. Jean Cantlie Stewart, The Quality of Mercy: The Lives of Sir James and Lady Cantlie (London: George Allen and Unwin, 1983).

33. Jen Yu-wen and Lindsay Ride, Sun Yat-sen: Two Commemorative Essays (Center of Asian Studies, University of Hong Kong, 1977).

34. John C. H. Wu, Sun Yat-sen -The Man and His Ideas (Taipei: Commercial Press, 1971).

35. Jose Pedro Braga, The Portuguese in Hongkong and China (Macau, Fundecao, 1998).

36. L. Eve Armentrout, "The Canton Rising of 1902-1903: Reformers, Revolutionaries, and the Second Taiping," Modern Asian Studies 10, 1 (1976).

37. Lyon Sharman, Sun Yat-sen: His Life and Its Meaning (Stanford: Stanford University Press, 1934).

38. Marie-Claire Bergére, Sun Yat-sen (Stanford: Stanford University Press, 1998).

39. Mary Chan Man-yue, "Chinese Revolutionaries in Hong Kong 1895-1911" (MA Thesis, Department of History, University of Hong Kong, 1963).

40. Minute-book of Court, Hong Kong College of Medicine.

41. Minute-book of Senate, Hong Kong College of Medicine.

42. Paul Kennedy, The Rise and Fall of British Naval Mastery (London: Fontana Press, 1991).

43. Peter Burke, The Fabrication of Louis XIV (New Haven: Yale University Press, 1992).

44. R. Montgomesy Martin, "Report on the Island of Hong Kong (24 Jul 1844)," British Parliamentary Papers: China (Shannon: Irish University Press, 1971), vol. 24.

45. Report of the Alice Memorial Hospital in Connection with the London Missionary Society for the Year 1889 (Hong Kong: China Mail Office, 1890).

46. Sonia Lightfoot, The Chinese Painting Collection and Correspondence of Sir James Stewart Lockhart (1858-1937) (Lewiston: The Edwin Mellen Press, 2008).

47. The Hong Kong Guide 1893 (Hong Kong: Oxford University Press, 1982, reprinted).

48. Tse Tsan Tai, The Chinese Republic: Secret History of the Revolution(Hong Kong: South China Morning Post, Ltd., 1924).

49. Winston Hsieh, Chinese Historiography on the Revolution of 1911 -A Critical Survey and A Selected Bibliography (Stanford: Hoover Institution Press, 1985).

50. Yan Ching Hwang, "Tongmenhui, Sun Yat-sen and the Chinese in Singapore and Malaya: A Revisit," 廖建裕主編,《再讀同盟會、孫中山與東南亞華人》,新加坡:華裔館,2006。

51. Yen Ching-hwang (顏清湟), The Overseas Chinese and the 1911 Revolution: With Special Reference to Singapore and Malaya (Kuala Lumpur: Oxford University Press, 1976).

(二) 中文部分

一、論文

1. 〈中國發明飛艇家謝君纘泰小傳〉,《小說月報》,4期

2. 〈孫中山檀島學英文廣州學西醫〉,《明報月刊》,46卷7期(2011)。

3. 〈提解案引出楊衢雲故事〉,《香港華字日報》,1911年8月16日。

4. 尤列,〈孔教革命〉,尤嘉博編,《尤列集》(香港,2002,自印,修訂版)。

5. 尹文楷,〈二十五年來香港之教會〉,《真光》,26卷6號(1927)。

6. 王聿均,〈中部同盟會與辛亥革命〉,《辛亥革命研討會論文集》(台北:中央研究院近史研究所,1983)。

7. 王興瑞,〈清季輔仁文社與革命運動的關係〉,《史學雜誌》,創刊號(1945)。

8. 何文平：〈全球化的挑戰：清末澳門軍火與華南動亂〉，《學術研究》，4其（2010）。

9. 何偉傑，〈澳門與中國民革命研究：1905至1926年〉（香港中文大學歷史學歷史系哲學博士論文，2009）。

10. 余偉雄，〈孫中山博士策進革命運動與香港的關係及香港保存的革命史跡〉，《珠海學報》，13期（1982）。

11. 吳倫霓霞，〈香港反清革命宣傳報刊及其與南洋的聯繫〉，《中國文化研究所學報》，19卷（1988）。

12. 吳倫霓霞，〈香港自由港地位的建立──從一塊石頭到轉口港〉，《歷史月刊》，32期（1990）。

13. 吳倫霓霞，〈孫中山早期革命運動與香港〉，《孫中山研究論叢》，3集（1985）。

14. 吳倫霓霞，〈興中會前期（1894-1900）孫中山革命運動與香港的關係〉，《中央研究院近代史研究所集刊》，19期（1990）。

15. 吳萱人，〈非常連載的啟迪──吳灞陵痛寫楊衢雲〉，《旅行家》，18冊（2008）。

16. 吳萱人，〈追懷一間逾百年的文社──輔仁文社的輝煌歷程〉，《鑪峰文藝》，4期（2000）。

17. 呂士朋，〈興中會香港入會諸志士的研究〉，《革命開國文獻》（台北：國史館，1996），2輯史著一。

18. 李自重，〈從興中會至辛亥革命的憶述──李自重回憶錄（遺稿）〉，《廣東辛亥革命史料》。

19. 李志剛，〈留學生黃勝一生的現代化專業與基督教的關係〉，《基督教與中國近代文化》（香港基督教文化學會，2009）。

20. 李金強，〈西學搖籃──清季香港雙語精英的誕生〉，黃愛平、黃興濤主編，《西學與清代文化》（北京：中華書店，2008）。

21. 李金強，〈辛亥革命時期武裝起義的再探：香港、河內及武漢模式〉（辛亥革命與百年中國，2011年10月11至16日，武漢，未刊稿）。

22. 李金強，〈辛亥革命時期的粵港關係──以革命軍火為例〉，陳明銶、饒美蛟主編，《嶺南近代史論：廣東與粵港關係1900-1938》（香港：商務印書館，2010）。

23. 李金強，〈近代華人教牧的誕生──王煜初牧師的生平及其思想〉，李金強、梁家麟、湯紹源主編，《中華本色──近代中國教會史

論》（香港：建道神學院，2007）。

24. 李金強，〈香港中央書院與清季革新運動〉，《郭廷以先生百歲冥誕紀念史學論文集》（台北：商務印書館，2005）。

25. 李金強，〈香港道濟會堂與清季革新運動〉，陳建明、劉家峰：《中國基督教區域史研究》（成都：巴蜀書社，2008）。

26. 李金強，〈香港興中會總會的成立及其重要性〉，《深圳大學學報》（人文社會科學版），28卷5期（2011）。

27. 李金強，〈從省港澳地域觀察孫中山的求學與革命〉，《紀念孫中山誕辰140周年國際學術研討會論文集》（北京：社會科學文獻出版社，2009），下集。

28. 李金強，〈從祖國到南洋——清季美以美會黃乃裳革命思想之源起〉，《聖道東來——近代中國基督教史之研究》（台北：宇宙光，2006）。

29. 李國祁，〈由近代港澳的發展論商業殖民的特徵及對華影響〉，《港澳與近代中國學術研討會論文集》（台北：國史館，2000）。

30. 沈奕巨，〈論孫中山親自領導的西南邊境武裝起義〉《孫中山研究論文集1949-1984》（成都：四川人民出版社，1986），上冊。

31. 周興樑，〈辛亥廣州起義百年祭〉（辛亥革百周年紀念國際學術研討會，香港歷史博物館，2011年5月6-7日）。

32. 周興樑，〈武漢起義前同盟會在國內的活動和鬥爭〉，《紀念辛亥革命七十周年青年學術討論會論文選》（北京：中華書局，1983），上冊。

33. 周興樑，〈黃花岡起義烈士的哀榮及其公歷紀念日之由來〉，《孫中山與近代中國民主革命》（廣州：中山大學出版社，2001）。

34. 邱捷、何文平，〈民國初年廣東的民間武器〉，《中國社會科學》，1期（2005）。

35. 冼玉清，〈澳門與維新運動〉，《廣東文史資料存稿選編》（廣州：廣東人民出版社，2005）。

36. 冼玉儀，〈社會組織與社會轉變〉，王賡武主編，《香港史新編》，上冊。

37. 冼江，〈尤列事略〉，尤嘉博編，《尤列集》（香港，2002，自印，修訂版）。

38. 冼江，〈中華民與四大寇〉，尤嘉博編，《尤列集》（香港，2002，自印，修訂版）。

39. 冼江，〈孔教革命〉，尤嘉博編，《尤列集》（香港，2002，自印，修訂版）。

40. 冼江，〈為籌建香港孔聖堂講堂宣言〉，尤嘉博編，《尤列集》（香港，2002，自印，修訂版）。

41. 冼江，〈國難當中國民應有的認識〉，尤嘉博編，《尤列集》（香港，2002，自印，修訂版）。

42. 胡國梁，〈辛亥廣州起義別記〉，中國史學會主編，《辛亥革命》，4冊。

43. 胡漢民，〈胡漢民自傳〉，《辛亥革命史料選輯》（長沙：湖南人民出版社，1981），上冊。

44. 韋慶遠，〈澳門清代康熙時期的特殊地位和作用〉，《澳門史論稿》（廣州：廣東人民出版社，2005）

45. 唐自斌，〈興中會〉，林增平、郭漢民、饒懷民主編，《辛亥革命史研究備要》（長沙：湖南出版社，1991）。

46. 容若，〈香港興中會是總會之說，雖有記載經不起考驗〉，《大公報》，2011年4月19日。

47. 徐曰彪，〈近代香港人口試析1841-1941〉，《近代史研究》，3期（1993）。

48. 袁鴻林，〈興中會時期孫楊兩派關係〉，《紀念辛亥革命七十周年青年學術研討會論文集》（北京：中華書局，1983）。

49. 張化，〈基督教早期三自的歷史考察〉，朱維錚主編，《基督教與近代文化》（上海人民出版社，1994）。

50. 張佩貞，〈謝纘泰研究〉（香港大學中國歷史碩士論文，1997）。

51. 張建華，〈孫中山的施洗牧師喜嘉理〉，《近代史研究》，1期（1997）。

52. 張苹、張磊，〈鄭觀應與孫中山關係析論〉，《廣東社會科學》，3期（2003年）。

53. 張曉輝，〈二十世紀上半葉的嶺南沿海港口與腹地〉，《廣州大學學報》，4卷10期（2005）。

54. 莫世祥，〈中山革命與李紀堂毀家紓難——兼論青山、紅樓革命遺蹟的紀念意義〉，《亞洲研究》，13期（1995）。

55. 許師慎，〈李紀堂先生訪問記〉，《革命先烈先進傳》（台北，1965）。

56. 陳成漢，〈四大寇——孫中山先生與其友人〉，《孫中山紀念館展覽導讀》（香港：孫中山紀念館，2008）。

57. 陳明銶，〈近代香港與廣州的比較研究〉，《學術研究》，3期（1988）。

58. 陳建明，〈孫中山早期的一篇佚文——教友少年紀事〉，《近代史研究》，3期（1987）。

59. 陳春生，〈革命稗史〉（一），藏台北黨史會，001/0/35。

60. 陳春生，〈基督教徒對我國革命之助〉，藏台北黨史會，一般檔案000/54。

61. 陳春生探訪，〈革命先進楊鶴齡先生事略及其關黨史之函件〉，藏台北黨史會，一般檔案230/1242。

62. 陳德芸，〈陳少白先生年譜〉，《陳少白先生哀思錄》（香港，1976）。

63. 陳樹榮，〈孫中山與澳門初探〉，《廣東社會科學》，4期（1990）。

64. 陳鏸勳、莫世祥校注，〈前言〉，《香港雜記》（1895）（廣州暨南大學出版社，1996）。

65. 費成康，〈孫中山和鏡海叢報〉，《鏡海叢報（影印本）》（澳門基金會及上海社會科學院出版社，2000）。

66. 賀躍夫，〈輔仁文社與興中會關係辨析〉，《孫中山與辛亥革命史研究——慶賀陳錫祺先生九十華誕論文集》（廣州：中山大學出版社，2001）。

67. 黃宇和，〈英雄形象一百年——紀念孫中山倫敦蒙難一百週年〉，《近代中國》，115期（1996）。

68. 黃彥，〈興中會研究述評〉，《回顧與展望：國內外孫中山研究述評》（北京：新華書店，1986）。

69. 黃啟臣，〈十六世紀至十九世紀中葉中國政府對澳門海關的管理〉，《港澳與近代中國學術研討會論文集》（台北：國史館，2000）。

70. 楊拔凡，〈楊衢雲家傳〉（1955年冬，打印稿）。

71. 裕生，〈黃花片片錄〉，《大光報》，1928年3月29日，第一張。

72. 鄒魯，〈黃花岡七十二烈士傳（1923）〉，《清代傳記叢刊》（台北：商務印書館，1967，重刊），64輯。

73. 趙雨樂，〈何啟、胡禮垣的日本觀〉，《文化中國的重構：近現代中國知識分子的思維與活動》（香港：香港教育圖書公司，2006）。

74. 趙春晨，〈概論〉，李明主編：《近代廣州》（北京：中華書局，2003）。

75. 劉軍，〈全球化的歷史回顧〉，于沛主編，《全球化的全球史》（北京：社會科學文獻出版社，2007）。

76. 蔣永敬，〈辛亥革命運與香港〉，《孫中山與中國革命》（台北：國史館，2000）。

77. 鄭子瑜，〈總理老同學——江英華醫師訪問記〉，《華僑日報》，藏於中國國民黨黨史委員會，一般檔案030/152。

78. 鄭德華，〈省港澳：近現代嶺南文化核心及其對外文化交流〉，《饒宗頤教授九十華誕國際學術研討會》（香港大學，2006）。

79. 橫山宏章，〈孫中山和惠州起義〉，《國外辛亥革命研究動態》，6輯（1987）。

80. 橫山宏章，〈孫中山的軍事戰略——邊疆革命與中央革命的比較〉，《孫中山研究論叢》，9集（1992）。

81. 霍啟昌，〈香港在辛亥革命成功中作用的研究〉，《辛亥革命與近代中國》（北京：中華書局，1994），上冊。

82. 霍啟昌，〈香港與辛亥革命〉，余繩武、劉蜀永編：《二十世紀的香港》（香港：麒麟書店有限公司，1995）。

83. 霍啟昌，〈認識港澳史與辛亥革命研究一些新方向芻議〉，《辛亥革命與二十世紀的中國》（北京：中央文獻出版社，2002），下冊。

84. 霍啟昌，〈澳門模式與近代中西關係〉，《港澳與近代中國學術研討會論文集》（台北：國史館，2000）。

85. 濱下武志，〈網絡城市香港之歷史作用〉，《港澳與近代中國學術研討會論文集》（台北：國史館，2000）。

86. 謝纘泰，〈中華民國革命秘史〉，《孫中山與辛亥革命史料專輯》（廣州：人民出版社，1981）。

87. 謝英伯：〈謝英伯先生自傳——人海航程〉，《革命人物誌》，19集。

88. 簡又文，〈國父的青年時期（下）〉，《新希望》，57期（1955）。

89. 簡又文，〈國民革命文獻叢錄〉，《廣東文物》（上海書店，1990）。

90. 簡又文，〈馮自由〉，《革命人物誌》（台北：中國國民黨黨史會，1969），6集。

91. 顏清湟，〈孫中山與廿一世紀中國〉，林啟彥、李金強、鮑紹霖主編，《有志竟成——孫中山、辛亥革命與近代中國》（香港浸會大學人文中國學報、香港中國近代史學會，2005），上冊。

92. 羅立德，〈國父與盧怡若〉，《台北新生報》，藏台北黨史會，一般檔案081/103。

93. 羅香林，〈國父與康德黎博士〉，《國父與歐美之友好》（台北：中央文物供應社，1991）。

94. 羅家倫，〈興中會成立日期之史的考訂〉（1954），《革命文獻》，64輯。

95. 羅婉嫻，〈倫敦傳道會與十九世紀末香港西方醫療體系在華人社區的發展〉，《近代中國基督教史研究集刊》，6期（2004/2005）。

96. 譚人鳳，〈石叟牌詞敘錄〉，《近代史資料》，3期（1956）。

97. 譚世寶，〈孫中山在清季向澳門鏡湖醫院借錢的兩張單據辨偽〉，澳門歷史文化研究會主辦「辛亥革命與澳門學述研討會」（澳門理工學院，2011年9月18-19日）。

98. 譚永年、甄冠南編，《辛亥革命回憶錄》，香港：榮僑書店，1958。

99. 關國煊，〈細記「四大寇」〉，《傳記文學》，43卷5期（1983）。

100. 關國煊，〈謝纘泰1872-1937〉，《傳記文集》，46卷5期（1985）。

101. 蘇精，〈黃寬及倫敦傳教會〉，《近代中國基督教史研究集刊》，3期（2000）。

二、書目

1. 《中國日報》，1907年10月19日。

2. 《中國近代現代史論集》，台北：商務印書館，1986，17編上。

3. 《中國革命運動二十六年組織史》，上海：商務印書館，1948。

4. 《辛亥革命史料選輯》，長沙：湖南人民出版社，1981，上冊。

5. 《辛亥革命回憶錄》，北京：文史資料出版社，1981，第1集、第2集。

6. 《辛亥革命在各地》，北京：中國文史出版社，1991。

7. 《辛亥革命前十年間民變檔案史料》，北京：中華書局，1985，下冊。

8. 《兩廣浸信會史略》，1934，香港浸信教會，1997，重印。

9. 《紀念孫中山先生》，北京：文物出版社，1981。

10. 《紀念偉大的革命先行者——孫中山誕辰120週年1866-1986》，廣州：廣東人民政府參事室編，1986。

11. 《革命人物誌》，台北：中央文物，1969，3集、5集、11集、12集。

12. 《革命文獻》，1976，6輯、64輯、67輯。

13. 《革命逸史》，台北：商務印書館，1969，3集、4集、5集。

14. 《革命開國文獻》，台北：國史館，1996，2輯史著一。

15. 《香港歷史與社會》，香港教育圖書公司，1994。

16. 《孫中山全集》，北京：中華書局，1981，1集。

17. 《國父革命史畫：中山永垂不朽》，台北：國父紀念館，1995。

18. 《國父與歐美之友好》，台北：中央文物供應社，1951。

19. 《莫紀彭先生訪問紀錄》，台北：中央研究院近代史研究所，1997。

20. 《遐爾貫珍》，1號（1853）。

21. 《廣州三月二十九革命史》，1926，台北：商務印書館，1967，重印。

22. 《廣州辛亥革命史料》，廣州：廣東人民出版社，1981。

23. 《總理開始學醫與革命運動五十週年紀念史略》，廣州嶺南大學刊印，1935。

24. 丁新豹、黃廼錕，《四環九約》，香港歷史博物館，1994。

25. 丁新豹主編，《香港歷史散步》，香港：商務印書館，2010，增訂本。

26. 上村希美雄、陳鵬仁譯，《近代中日關係史論（一）》，台北：五南圖書出版公司，2000。

27. 仇江編，《廣東新軍庚戌起義資料匯編》，廣州：中山大學出版社，1990。

28. 天嘯生（鄭烈），《黃花岡福建十傑紀實》，1912。

29. 王芸生，《六十年來中國與日本》，北京：三聯書店，1980，卷5。

30. 王彥威纂輯，《清季外交史料》，北京：書目文獻出版社，1983，3冊，卷210-212。

31. 王栻主編，《嚴復集》，北京：中華書局，1983，3冊。

32. 王爾敏，《晚清政治思想史論》，台北：學生書局，1969。

33. 王齊樂，《香港中文教育發展史》，香港：波文書局，1982。

34. 王賡武主編，《香港史新編》，香港：三聯書局，1997，上冊。

35. 王寵惠，《困學齋文存》，台北：中華叢書委員會，1957。

36. 印光任、張汝霖：《澳門紀略》，廣州：廣東高級教育出版社，1988。

37. 卡洛斯、高美士・貝薩，《澳門與共和體制在中國的建立》，澳門：澳門基金會，1999。

38. 田苹、邢照華，《同盟會與辛亥廣州“三・二九”起義》，南寧：廣西人民出版社，2011。

39. 何佩然，《地換山移：香港海港及工地發展一百六十年》，香港：商務印書館，2004。

40. 何偉傑，《澳門——賭城以外的文化關係》，香港城市大學出版社，2011。

41. 何偉傑、麥勁生主編，《中國史上的著名戰役》，香港：天地圖書公司，2012。

42. 余英時，《人文與理性的中國》，台北：聯經出版專業，2008。

43. 余齊昭，《孫中山文史圖片考釋》，廣州：廣東省地圖出社，1999。

44. 吳玉章，《辛亥革命》，北京：人民出版社，1973。

45. 吳松弟編，《中國百年經濟拼圖——港口城市及其腹地與中國現代化》，濟南：山東畫報出版社，2006。

46. 吳相湘，《孫逸仙先生傳》，台北：遠東圖書公司，1984，上冊。

47. 吳倫霓霞等編，《孫中山在港澳與海外動史蹟》，中山大學孫中山研究所、香港中文大學聯合書院，1986。

48. 吳梓明，《基督宗教與中國大學教育》，北京：中國社會科學出版社，2003。

49. 吳萱人，《今識楊衢雲：吳萱人文集》，香港：2011，自印。

50. 吳壽頤，《國父的青年時代》，台北：中央文物供應社，1959。

51. 吳醒廉，《香港華人名人史略》，香港：五洲書局，1937。

52. 李吉奎，《孫中山的生平及其事業》，廣州：中山大學出版社，2001。

53. 李志剛，《馬禮遜牧師傳教事業在香港的延展》，香港中文大學宗教與中國社會研究中心，2007。

54. 李志剛，《基督教與近代中國人物》，台北：宇宙光，2006。

55. 李金強，《一生難忘：孫中山在香港的求學與革命》，香港：孫中山紀念館，2008。

56. 李金強，《書生報國——中國近代變革思想之源起》，福州：福建人民出版社，2001。

57. 李金強，《區域研究：清代福建史論》，香港教育圖書公司，1996。

58. 李長森，《明清時期澳門土生族群的形成發展與變遷》，北京：中華書，2007。

59. 李培德，《香港史研究書目題解》，香港：三聯書店，2001。

60. 李敖，《孫逸仙與中國西化醫學》，台北：文星書店，1968。

61. 李敖，《第73烈士》，台北：李敖出版社，2011。

62. 李進軒，《孫中山先生革命與香港》，台北：文史哲出版社，1989。

63. 李雲漢，《中國現代史論和史料》，台北：商務印書館，1979，上冊。

64. 李瑞明編，《嶺南大學》，香港：嶺南大學籌募發展委員會，1997。

65. 李劍農，《中國近百年政治史》，台北：商務印書館，1971，上冊。

66. 沈渭濱，《孫中山與辛亥革命》，上海：人民出版社，1993。

67. 汪榮祖，《晚清變法思想論叢》，台北：聯經出版事業公司，1973。

68. 邢榮發，《明清澳門城市建築研究》，香港：華夏文化藝術出版社，2007。

69. 林天蔚、蕭國健，《香港前代史論集》，台北：商務印書館，1985。

70. 林廣志：《盧九家族與華人社會學術研討會論文集》，澳門，民政總署，2010。

71. 金沖及、胡繩，《辛亥革命史稿》，上海人民出版社，1980，第一卷。

72. 金國平編譯，《西方澳門史料選萃（15-十六世紀）》，廣州：廣東人民出版社，2005。

73. 南京市檔案館編，《審訊汪偽漢奸筆錄》，南京：鳳凰出版社，2004，上。

74. 段雲章編著，《孫中山與日本史事編年》，廣州：廣東人民出版社，1996。

75. 胡去非，《孫中山先生傳》，1930，台北：商務印書館，1968，重印。

76. 胡去非，《總理事略》，長沙，商務印書館，1940。

77. 孫中山、許師慎編，《國父革命緣起詳注》，台北：正中書局，1947。

78. 孫中山，《孫中山全集》，北京：中華書局，1985，1卷、6卷、7卷。

79. 徐松石編，《華人浸信會史錄》，香港：浸信會出版社，1972，5輯。

80. 高良佐，《孫中山先生傳》，天水：甘肅人民出版社，2006，重印。

81. 高亞偉，《世界通史》，台北：幼獅書店，1964，上、中冊。

82. 張天澤，《中葡早期通商史》，香港：中華書局，1988。

83. 張少寬，《孫中山與庇能會議》，檳城：南洋田野研究會，2004。

84. 張玉法，《辛亥革命史論》，台北：三民書局，1993。

85. 張玉法，《清季的革命團體》，台北：中央研究院近代史研究所，1975。

86. 張玉法主編，《中國現代史論集》，台北：聯經出版事業公司，1980。

87. 張朋園，《立憲派與辛亥革命》，台北：中央研究院近代史研究所，1969。

88. 張曉輝，《香港華商史》，香港：明報出版社，1998。

89. 梁晉偉主編，《香港百年史》，香港：南中編譯出版社，1948。

90. 梁壽華，《革命先驅──基督徒與晚清中國革命的起源》，香港：宣道出版社，2007。

91. 盛永華、張磊，《辛亥革命與澳門》，澳門地區和平統一促進會，2011。

92. 莊政，《孫中山的大學生涯》，台北：中央日報社，1995。

93. 許衍董編，《廣東文徵續編》，香港：廣東文徵編印委員會，1988，4冊。

94. 郭永亮，《澳門與香港之早期關係》，台北：中央研究院近代史研究所，1990。

95. 郭廷以，《近代中國的變局》，台北：聯經出版事業公司，1987。

96. 陳少白，《興中會革命史要》，台北：中央文物供應社，1956。

97. 陳占勤，《陳少白年譜》，廣州：嶺南出版社，1999。

98. 陳湛頤、楊詠賢，《香港日本關係年表》，香港教育圖書公司，2004。

99. 陳福霖，《孫中山、廖仲凱與中國革命》，廣州：中山大學出版社，1990。

100. 陳錫祺，《同盟會成立前的孫中山》，廣州：廣東人民出版社，1957。

101. 陳錫祺，《孫中山與辛亥革命論集》，廣州：中山大學出版社，1984。

102. 陳鵬仁譯著，《宮崎滔天論孫中山與黃興》，台北：正中書局，1977。

103. 章開沅、林增平，《辛亥革命史》，北京：人民出版社，1980，上下冊。

104. 章開沅主編，《辛亥革命辭典》，武漢出版社，1991。

105. 傅國涌：《辛亥百年：親歷者的私人記錄》，北京：東方出版社，2011，上冊。

106. 傅啟學，《國父孫中山先生傳》，台北，1968。

107. 湖南省社會科學院編：《黃興集》，北京：中華書局，1981。

108. 湯清，《中國基督教百年史》，香港：道聲出版社，1987。

109. 華中興，《中山先生政治人格的解釋》，台北：正中書局，1992。

110. 馮自由，《中國革命運動二十六年組織史》，上海：商務印書館，1948。

111. 馮自由，《中華民國開國前革命史》，台北：世界書局，1971，1冊。

112. 馮自由，《華僑革命開國史》，台北：商務印書館，1975。

113. 黃宇和，《三十歲前的孫中山：翠亨、檀島、香港》，香港：中華書局，2011。

114. 黃宇和，《中山先生與英國》，台北：學生書局，2005。

115. 黃彥、李伯新編：《孫中山藏檔選編（辛亥革命前後）》，北京：中華書局，1986。

116. 黃彥編註，《自傳及敘述革命經歷》，廣州：廣東人民出版社，2007。

117. 黃興，《黃興集》，北京：中華書局，1981。

118. 黃鴻釗，《澳門史》，香港：商務印書館，1987。

119. 楊拔凡、楊興安，《楊衢雲家傳》，香港：新天出版，2010。

120. 楊國雄，《香港身世文字本拼圖》，香港各界文化促進會，2009。

121. 鄒魯，《中國國民黨黨史稿》，台北：商務印書館，1965。

122. 鄒魯，《回顧錄》，台北：三民書局，1973，二冊。

123. 鄒魯，《廣州三月二十九革命史》，台北：臺灣商務印書館，1967。

124. 廖書蘭，《黃花崗外——黨人碑與孫中山首次起義》，香港：商務印書館，2009。

125. 趙矢元主編，《孫中山和他的助手》，哈爾濱：黑龍江人民出社，1987。

126. 趙春晨，《嶺南近代史事與文化》，北京：中國社會科學出版社，2003。

127. 劉家泉，《孫中山與香港》，北京：中央文獻出版社，2001。

128. 劉紹麟，《中華基督教會合一堂史：從1843年建基至現代》，香

港：中華基督教會合一堂，2003。

129. 劉然玲，《文明的博弈——16至十九世紀澳門文化長波段的考察》，廣州：廣東人民出版社，2008。

130. 劉聯珂：《幫會三百年革命史》，台北：古亭書店，1975。

131. 潘光哲，《華盛頓在中國——製作國父》，台北：三民書局，2006。

132. 蔡榮芳，《香港人之香港史》，香港：牛津大學出版社，2002。

133. 鄭天祥，《以穗港澳為中心的珠江三角洲經濟地域網絡》，廣州：中山大學，1991。

134. 鄭烈，《歷代人物評詠、林大將軍傳合刊》，台北，1953。

135. 鄭憲著、陳孟堅譯，《同盟會：其領導、組織與財務》，台北：近代中國出版社，1985。

136. 鄭寶鴻，《港島街道百年》，香港：三聯書店，2000。

137. 鄧開頌、陸曉敏，《粵港關係史1840-1980》，香港：麒麟書業有限公司，1997。

138. 蕭平編，《辛亥革命烈士詩文選》，北京：中華書局，1982。

139. 賴建三，《香港紀略》，1931，廣州：暨南大學出版社，1997，重刊。

140. 霍啟昌，《紀念辛亥革命成功一百周年：緬懷孫中山澳門革命摯友飛南第》，澳門國際研究所，2011。

141. 霍啟昌，《港澳檔案中的辛亥革命》，香港：商務印書館，2011。

142. 霍啟昌編著，《香港史教學參考資料》，香港：三聯書店，1995。

143. 薛君度，《黃興與中國革命》，香港：三聯書店，1980。

144. 羅香林，《一八四二年以前之香港及其對外交通》，香港：中國學社，1959。

145. 羅香林，《香港與中西文化之交流》，香港：中國學社，1961。

146. 羅香林，《國父之家世與學養》，台北：商務印書館，1972，重刊。

147. 羅香林，《國父在香港之歷史遺蹟》，香港大學出版社，2002，重印。

148. 羅家倫主編，《國父年譜》，台北：中國國民黨黨史委員會，1988，下冊。

149. 鰲洋客（吳灞陵），《香港掌故》，香港大學孔安道紀念圖書館編製，1984。

150. 亢水峯，《清末革命與君憲的論爭》，台北：中央研究院近代史研究所，1983。

史地傳記類　AC0021

中山先生與港澳

作　　　者 / 李金強
主　　　編 / 蔡登山
責 任 編 輯 / 陳佳怡
圖 文 排 版 / 王思敏
封 面 設 計 / 陳佩蓉

發 　行　 人 / 宋政坤
法 律 顧 問 / 毛國樑　律師
出 版 發 行 / 秀威資訊科技股份有限公司
　　　　　　114台北市內湖區瑞光路76巷65號1樓
　　　　　　電話：+886-2-2796-3638　傳真：+886-2-2796-1377
　　　　　　http://www.showwe.com.tw
劃 撥 帳 號 / 19563868　戶名：秀威資訊科技股份有限公司
　　　　　　讀者服務信箱：service@showwe.com.tw
展 售 門 市 / 國家書店（松江門市）
　　　　　　104台北市中山區松江路209號1樓
　　　　　　電話：+886-2-2518-0207　傳真：+886-2-2518-0778
網 路 訂 購 / 秀威網路書店：http://www.bodbooks.com.tw
　　　　　　國家網路書店：http://www.govbooks.com.tw

2012年11月BOD一版
定價：270元
版權所有　翻印必究
本書如有缺頁、破損或裝訂錯誤，請寄回更換

國家圖書館出版品預行編目

中山先生與港澳 / 李金強著. -- 一版. -- 臺北市：秀威資
　訊科技, 2012.11
　　面；　公分. -- (史地傳記類 ; AC0021)
　BOD版
　ISBN 978-986-326-013-4(平裝)

　1. 孫文　2. 傳記

005.31　　　　　　　　　　　　　　　　101020362

讀者回函卡

感謝您購買本書，為提升服務品質，請填妥以下資料，將讀者回函卡直接寄回或傳真本公司，收到您的寶貴意見後，我們會收藏記錄及檢討，謝謝！如您需要了解本公司最新出版書目、購書優惠或企劃活動，歡迎您上網查詢或下載相關資料：http:// www.showwe.com.tw

您購買的書名：_____

出生日期：_____年_____月_____日

學歷：□高中 (含) 以下　　□大專　　□研究所 (含) 以上

職業：□製造業　□金融業　□資訊業　□軍警　□傳播業　□自由業
　　　□服務業　□公務員　□教職　　□學生　□家管　　□其它____

購書地點：□網路書店　□實體書店　□書展　□郵購　□贈閱　□其他

您從何得知本書的消息？

　□網路書店　□實體書店　□網路搜尋　□電子報　□書訊　□雜誌

　□傳播媒體　□親友推薦　□網站推薦　□部落格　□其他_____

您對本書的評價：（請填代號　1.非常滿意　2.滿意　3.尚可　4.再改進）

　　封面設計____　版面編排____　內容____　文／譯筆____　價格____

讀完書後您覺得：

　□很有收穫　□有收穫　□收穫不多　□沒收穫

對我們的建議：_____

_____

_____

_____

11466
台北市內湖區瑞光路 76 巷 65 號 1 樓

秀威資訊科技股份有限公司　　　收

BOD 數位出版事業部

....

（請沿線對折寄回，謝謝！）

姓　　名：＿＿＿＿＿＿＿＿＿　年齡：＿＿＿＿　性別：□女　□男

郵遞區號：□□□□□

地　　址：＿＿＿＿＿＿＿＿＿＿＿＿＿＿＿＿＿＿＿＿＿

聯絡電話：(日) ＿＿＿＿＿＿＿＿＿＿　(夜) ＿＿＿＿＿＿＿＿＿＿

E-mail：＿＿＿＿＿＿＿＿＿＿＿＿＿＿＿＿＿＿＿